Osteria Italiana

Stefano De Michielis

Osteria Italiana

Wo die Liebe zur italienischen Küche begann

Einleitung von Martin Schäfer
Fotos von Jan Roeder und Andreas Hoernisch
Bearbeitung der Rezepte von Jutta Kniffler

Hugendubel

Osteria Italiana
Schellingstraße 62
80799 München
Telefon 089/2 72 07 17
Fax 089/2 73 10 32

Montag: 18.30–23.00 Uhr
Dienstag–Samstag: 12.00–14.30 Uhr und 18.30–23.00 Uhr
Montag mittag und Sonntag geschlossen
Reservierungen erwünscht

Die Deutsche Bibliothek – CIP-Einheitsaufnahme
De Michielis, Stefano:
Osteria Italiana : wo die Liebe zur italienischen Küche begann /
Stefano De Michielis. Einl. von Martin Schäfer. Fotos von Jan Roeder.
Bearb. der Rezepte von Jutta Kniffler. – München : Hugendubel, 1998
ISBN 3-88034-997-5

© Heinrich Hugendubel Verlag, München 1998
Alle Rechte vorbehalten

Lektorat: Kristin Bamberg, München
Umschlaggestaltung: Zembsch' Werkstatt, München
Produktion: Tillmann Roeder, München
Satz: SatzTeam Berger, Ellenberg
Reproduktion: Longo, Bozen
Druck und Bindung: Bosch Druck, Ergolding
Printed in Germany

ISBN 3–88034–997–5

Inhalt

Osteria Italiana 7
Die Osteria und der Nildampfer 7
Rettung kam aus der Toskana 14
Wallfahrtsort für Italiensüchtige 19
Der diskrete Charme des Mario Knez 25

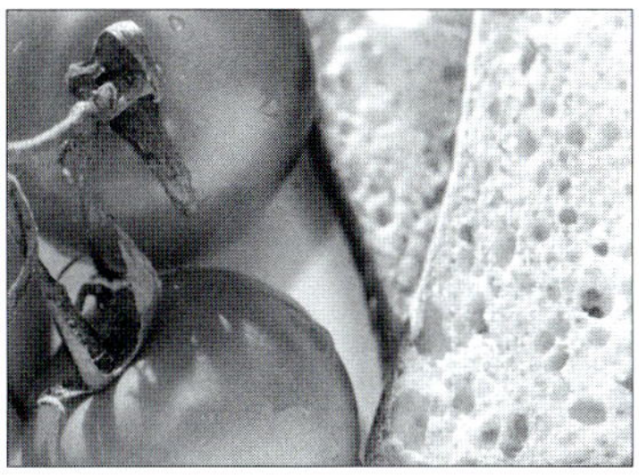

Antipasti 33
Primi 53
Pesce 69

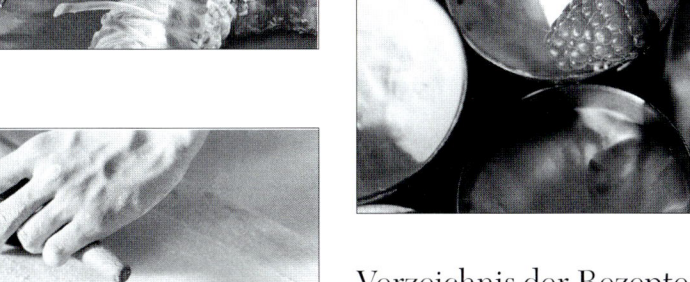

Carne 79
Dolci 93
Ricette base 99

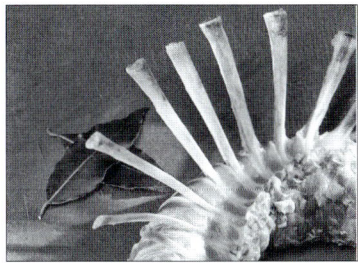

Verzeichnis der Rezepte 103

Ausschnitt eines Wandgemäldes von Carlo Wuttke, das Josef Deutelmoser für die »Osteria Bavaria« 1890 in Auftrag gegeben hatte.

Osteria Italiana

Die Osteria und der Nildampfer

Es waren nicht die ersten Pizzabäcker der fünfziger Jahre, die der mediterranen Küche in deutschen Landen zu breiter Popularität verhalfen. Es waren auch nicht die ersten Touristen, die nach dem Zweiten Weltkrieg eine unbändige Lust auf Pasta, Scampi und Chiantiwein von ihren Urlaubsreisen in den Süden mit nach Hause brachten. Nein, die Liebe zu Italien hat in Bayerns Hauptstadt eine sehr lange Tradition – und diese Liebe ging in der bayerisch-barocken Metropole schon immer durch den Magen. Die Wittelsbacher Kurfürsten und Könige beschäftigten Köche aus Bologna und Parma, aus Mailand und dem Friaul, lange bevor der Massentourismus unserer Tage nördlich des Alpenhauptkamms Gnocchi und Spaghetti, Ossobucco und Bistecca fiorentina zu populären Speisen machte.

München war bereits in früheren Jahrhunderten ein wichtiger Umschlagplatz für den Wein aus Norditalien. »Salz gegen Wein« hieß die Devise. Vor allem das Veneto war ein wichtiger Lieferant für das Getränk, das in Bayern einst eine größere Rolle spielte als das Bier. Die Wittelsbacher fühlten sich zu dem Land südlich der Alpen stark hingezogen. Bis zur Mitte des 18. Jahrhunderts war Italienisch die offizielle Hofsprache in Bayern. Mit den welschen Weinhändlern kam auch die südliche Küche ins Land. Sie wurde in kleinen Trattorie angeboten – zu einem Glas Wein im Vorübergehen.

Diese Lust auf mediterranes Essen hatte nachhaltige Folgen. Allein in München, das sich so gern die nördlichste Stadt Italiens nennen läßt, gibt es inzwischen gut und gern 600 Lokale, in denen toskanisch, ligurisch oder venezianisch gekocht wird. In denen ganz einfache Köche, die als Arbeiter auf dem Bau begonnen haben, werkeln und das Coniglio in den Ofen schieben. Und daneben gibt es die mediterranen Herd-Artisten, die ihren ganzen Ehrgeiz aufbieten, um in ihren Ristoranti wahre Genußorgien zu veranstalten, und den Seewolf so kunstvoll zubereiten, daß selbst die Tester vom »Guide Michelin« nicht mit ihren Sternen geizen.

Josef Deutelmoser war nicht der allererste, aber zumindest einer der erfolgreichsten Gastronomen, der italienische Küchenkunst in München populär machte. Den kosmopolitischen Urbayern, der die Welt bereist hatte, übermannte der Ehrgeiz, zu den Speisekarten der Bierwirtschaften ein Kontrastprogramm zu bieten. Am 27. März 1890 setzte er sich an seinen Schreibtisch,

Josef Deutelmoser (in der Mitte sitzend), Begründer der »Osteria Bavaria« im Kreise von Freunden und Gästen.

verfaßte ein Gesuch an die Magistrats-Commission und unterbreitete der Behörde die »Bitte um Erlaubnis zum Betriebe einer Weinwirtschaft im Anwesen Nr. 62 in der Schellingstraße«.

Josef Deutelmoser war damals 49 Jahre alt und ein weltgewandter Gastronom. Während seiner zahlreichen Auslandsreisen hatte er Erfahrungen gesammelt. Sein abenteuerlichster Arbeitsplatz war auf einem Nildampfer, auf dem er in einem luxuriösen Bord-Restaurant sieben Jahre lang für betuchte Touristen seine Küchenkünste zelebrierte. Deutelmosers große Liebe freilich gehörte nicht dem Reich der Pharaonen, sondern Italien. Er studierte nicht nur Rezepte, sondern auch die Kunst. Er sammelte Bilder und legte damit den Grundstein für seine große Privatsammlung. Er war besessen von der großen Malerei, vor allem von Gemälden, die seine südlichen Sehnsuchtslandschaften in dekorativen Pastelltönen wiedergaben. Dieser Sehnsucht setzte er später in seiner Münchner Weinwirtschaft ein fast schon rührendes Denkmal.

Die Magistrats-Commission ließ Josef Deutelmoser nicht lange warten. Bereits acht Wochen später, am 23. Mai 1890, setzte der Bezirksinspektor seine Unterschrift unter die »Bewilligung zum Betriebe einer Weinwirtschaft«.

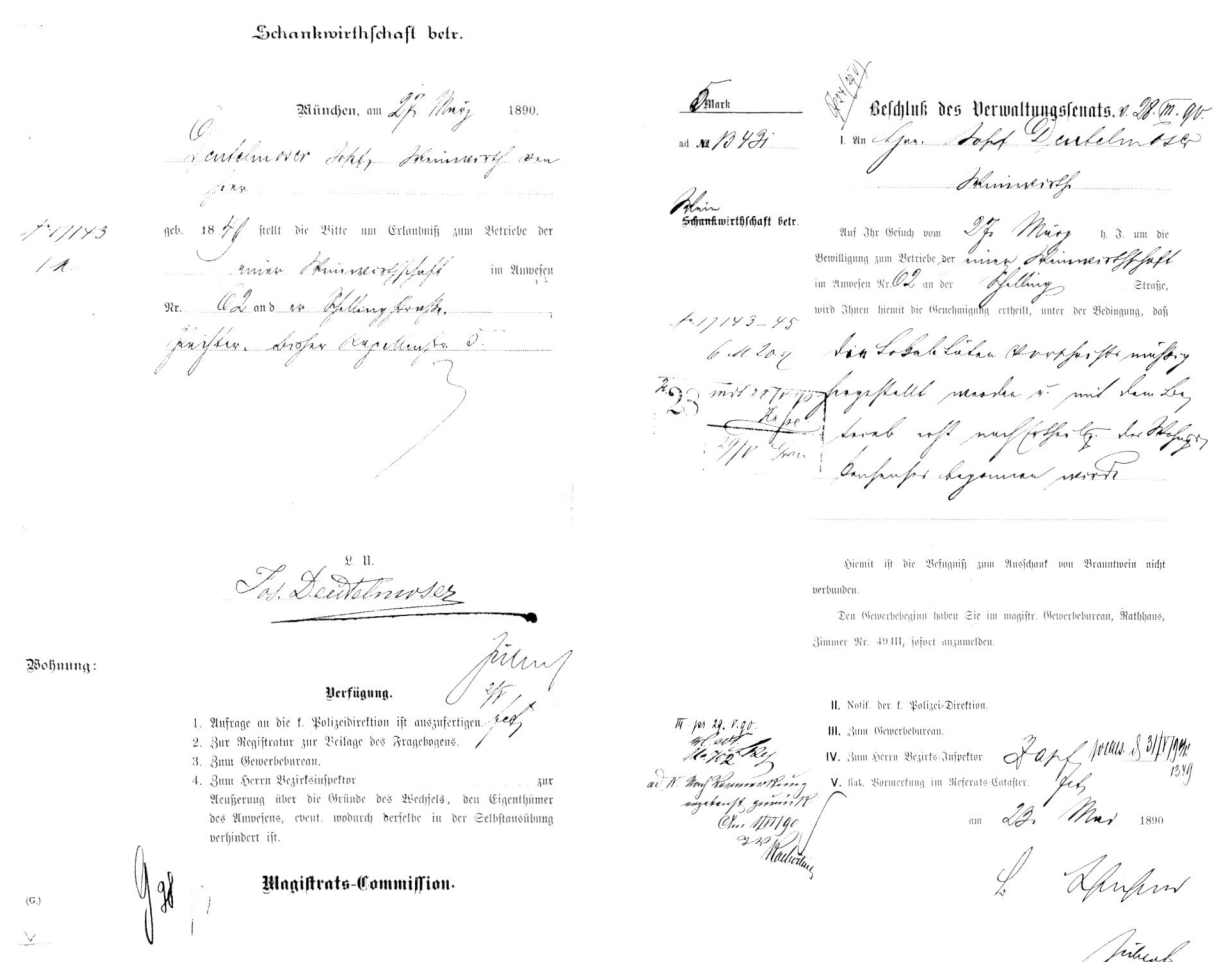

Am 23. Mai 1890 ersuchte Josef Deutelmoser bei der Magistrats-Commission um »Erlaubnis zum Betrieb einer Weinwirtschaft«. Bereits am 23. Mai wurde diese bewilligt.

Allerdings unter »der Bedingung, daß die Lokalitäten vorschriftsmäßig hergestellt werden« und der Betrieb unverzüglich beginnt.

Mit dem Betrieb wurde natürlich sofort begonnen. Deutelmoser schrieb auf sein Wirtshausschild »Osteria Bavaria«. Der Name war Programm. Den Begriff »Osteria« hatte er in Italien kennengelernt. Dort ist die »Osteria« eine Weinschänke, in der zum Chardonnay, zum Tocai, zum San Giovese, zum Pinot oder Merlot auch kleine Gerichte gereicht werden. Meist Antipasti, die beispielsweise aus eingelegten Sardinen, Muscheln, Fleisch-Innereien, Würsten, gebratenem Gemüse, Salaten, Eiern und Käse bestehen. Josef Deutelmoser war klug genug, sein bayerisches Publikum nicht zu verschrecken. Seine Kompromißbereitschaft signalisierte er durch den Beinamen »Bavaria«. Auch alpenländische Traditionsgerichte setzte er deshalb auf die Speisekarte. Lange Zeit beschäftigte der Bayer Deutelmoser eine österreichische Köchin, deren Apfelstrudel zum Renner wurde, ebenso wie die Salzburger Nockerln, die ihr Chef seinen Gästen immer wieder servieren ließ.

»Osteria Bavaria« – das bedeutete zunächst einmal eine Kombination aus italienischer und alpiner Küche. Deutelmoser neigte nicht zum kulinarischen

Eiferer oder Puristen. Er wollte niemanden abschrecken, sondern seine Gäste behutsam an italienische Spezialitätenkost heranführen. Der Wirt hatte schließlich die Absicht, Geld zu verdienen.

In seiner ersten Annonce in den »Münchner Neuesten Nachrichten« formulierte er sein Ziel klipp und klar: »Wir erlauben uns hiermit einem verehrten Publikum sowie der sehr geehrten Nachbarschaft bekannt zu geben, daß wir unser Wein-Restaurant ›Osteria Bavaria‹ eröffnen und durch Abgabe reiner in- und ausländischer Natur-Weine in Schoppen und Flaschen, kleiner billiger Frühstücke, guten Mittagstisch per Couvert und à la Carte allgemeines Vertrauen zu erwerben trachten werden.«

Es dauerte nicht lange, und die »Osteria« setzte sich mit Erfolg durch, wurde immer beliebter. Die Universität und die Kunstakademie waren zwar keine direkten Nachbarn, aber doch ganz in der Nähe. Maler, Schriftsteller, Wissenschaftler trafen sich in der »Osteria« zur Diskussion, zum Streit, vor allem aber zum Schlemmen und Trinken.

In der Schellingstraße hatte Joachim Ringelnatz seinen Zigarrenladen, lebten einige Zeit Franz Marc, Henrik Ibsen, Hans Carossa, Wassily Kandinsky. Auch Männer wie Rainer Maria Rilke und Bertolt Brecht wohnten im direkten Einzugsbereich der »Osteria«. Viele von ihnen gehörten zu den Stammgästen. In dem Lokal machte sich Oskar Maria Graf nach vielen Schoppen Wein seine Notizen, griff Olaf Gulbransson zum Stift, um erste Ideen für eine neue »Simplicissimus«-Zeichnung zu Papier zu bringen. Schließlich war die Redaktion der legendären satirischen Zeitschrift nur ein paar Gehminuten entfernt.

Die »Osteria« hatte sich rasch als Schwabinger Künstlertreff durchgesetzt, obwohl sie strenggenommen gar nicht in Schwabing liegt, sondern in der Maxvorstadt. Josef Deutelmosers Entschluß, den vielen Münchner Bierhochburgen mit einem italienischen Weinlokal Konkurrenz zu machen, hatte sich bezahlt gemacht. Wobei der Wirt ein sicheres Gespür dafür besaß, mit welchem Programm ein Gastronom in der wohlhabenden großbürgerlichen Prinzregentenzeit einen Erfolgskurs steuern kann.

In der Stadt des traditionellen Gerstensafts waren um die Jahrhundertwende Weinstuben immer beliebter geworden. Ein Blick auf die Statistik gibt darüber Aufschluß. Während im Jahr 1873 nur 29 Münchner Lokale über eine Weinschankkonzession verfügten, wurden bereits sechs Jahre später 72

Weinwirtschaften registriert. Der Erfolg dieser Lokale war in der Folgezeit offenbar so groß, daß in den Akten der Magistrats-Commission 1911 nicht weniger als 141 Konzessionen für Weinstuben verzeichnet sind. Dieser Boom brachte der »Osteria« zwar Konkurrenz, verhalf ihr aber auch gleichzeitig dank Deutelmosers Tüchtigkeit zu immer neuen Erfolgen.

Im Jahr 1921 wurde ein neues Kapitel in der Geschichte des Lokals aufgeschlagen. Josef Deutelmoser und seine Frau Antonia waren tot, die »Osteria« brauchte einen neuen Wirt. Adolf Ernst Deutelmoser, der im Eröffnungsjahr der Weinwirtschaft, also 1890, geboren wurde, suchte beim Gewerbeamt um eine Konzession nach, die ihm auch gewährt wurde. Der Sohn war klug genug, am Konzept des Vaters nicht zu rütteln und nichts an der Inneneinrichtung zu ändern, die schließlich ganz wesentlich zum Erfolg des Lokals beigetragen hat.

Osteria

München ist unsterblich. Da gibt es in der Schellingstraße seit mehr als einem Menschenalter das Weinhaus Bavaria, die Osteria, durch die wir vor unseren ersten Südenfahrten lernten, daß „Osteria" mit dem Ton nicht auf der drittletzten, sondern auf der vorletzten Silbe gesprochen wird. Nichts hat sich dort geändert, das kleine Lokal macht keine Reklame, macht keine Musik, ist nie modernisiert, nie zeitgemäß renoviert worden und ist trotz alledem und in schlechten wie in guten Zeiten gleichmäßig besucht. Es war immer in den Händen der gleichen Familie, erst führte es der Gründer, dann dessen Witwe und nun der Sohn, ein eifriger Leser und Kunstfreund, ein vielgereister, weltläufiger Wirt, der weiß, daß die einzige Dauerattraktion in der Güte von Küche und Keller und billigen Preisen besteht. Und so ist denn auch immer dasselbe Publikum in dieser wahren Künstlerkneipe, die sich nicht für den Baedeker eignet.

Osteria Bavaria — die beiden Worte zusammen bedeuten Vorschmack und Nachschmack Italiens vor der Alpenpforte des Südens. Man fällt mit der Tür ins Haus, in drei ineinandergehende holzgetäfelte Stuben mit südlichen Stichen und Aquarellen und mit Bismarck und Böcklin an den Wänden. Für sich abgeschlossen ist nur das italienische Zimmer. Dort hat man einen verräucherten Luft- und Nebenhimmel über sich, an dem wirkliche Maiskolben und Korbflaschen hängen; ein wirkliches ewiges Lämpchen brennt über der Türe vor einer gemalten byzantinischen Madonna auf gemaltem Mauerwerk; eine Wand ist ein Eichendorffscher Süden mit Springbrunnen und Marmorbildern; vor der anderen kann man, auf ein Balkongitter gelehnt, auf den Golf von Neapel hinunterträumen, wobei man mit der Nase gegen den Vesuv stößt.

Aber das Schönste ist das Höfchen, in das man hinter dem Schenktisch gelangt. In seinem tiefen engen Schacht versinkt golddämmernd die letzte Tageshelle und blau das erste Dunkel, während noch die Geranien leuchten von hohen Küchenbalkonen, auf denen sich die Katzen putzen für die Nacht. In der Mitte speit ein gelockter Tonlöwe einen Silberstrahl in die Brunnenschale, spitzdachige Laternen beleuchten die Tische und Masken und Reliefs, eine dünne Kastanie fächert über geschindelte, ockerfarbene Mauern, Lorbeer und Magnolie stehen in Kübeln, neben denen Farren aus den Ritzen der Fliesen fingert. Eine Nische ist abgeteilt durch ein Halbrund, von dessen Dach, das auf zwei kannelierten, rotgesockelten Säulen ruht, Kapuzinerkresse herabhängt, und aus der offenen kleinen Halle gegenüber funkelt ein Mosaik im pompejanischen Rot der Wandfelder: das Gotteslamm mit Fahne im goldenen Strahlendreieck des Himmelsauges.

Erinnerungen der Jahrzehnte verbinden mich mit diesem Lokal, das ich als erstes in München besuchte. Erste Siege, erste Niederlagen, glückliche und unglückliche Liebe, Freundeshochzeit im italienischen Zimmer — all das habe ich hier begossen. Den Hof betrete ich zum erstenmal wieder nach zwanzig Jahren. Wo mögen die Genossen von dereinst geblieben sein? Sie sitzen noch da. München ist unsterblich. H. B.

Eine Lobeshymne auf die »Osteria Bavaria« in den »Münchner Neuesten Nachrichten« vom 19. Juli 1929.

Die »Münchner Neuesten Nachrichten« jubelten am 19. Juli 1929: »Da gibt es in der Schellingstraße seit mehr als einem Menschenalter das Weinhaus Bavaria, die ›Osteria‹, durch die wir vor unseren ersten Südenfahrten lernten, daß ›Osteria‹ mit dem Ton nicht auf der drittletzten, sondern auf der vorletzten Silbe gesprochen wird. Nichts hat sich dort geändert, das kleine Lokal macht keine Reklame, macht keine Musik, ist nie modernisiert, nie zeitgemäß renoviert worden und ist trotzdem alles in allem und in schlechten wie in guten

Adolf Hitler beim Verlassen der »Osteria«, die zu seinen Lieblingsrestaurants zählte.

Zeiten gleichmäßig besucht. Es war immer in den Händen der gleichen Familie, erst führte es der Gründer, dann dessen Witwe und nun der Sohn, ein eifriger Leser und Kunstfreund, ein vielgereister, weltläufiger Wirt, der weiß, daß die einzige Dauerattraktion in der Güte der Küche und Keller und günstigen Preisen besteht. Und so ist denn auch immer dasselbe Publikum in dieser wahren Künstlerkneipe, die sich nicht für den Baedeker eignet.« Und dann faßt der unbekannte Autor der Zeitungs-Hymne seine Beobachtungen zusammen und schreibt voller Emphase: »Osteria Bavaria – die beiden Worte zusammen bedeuten Vorgeschmack und Nachgeschmack Italiens vor der Alpenpforte des Südens.«

Ganz so glücklich, wie Adolf Ernst Deutelmosers Karriere als Wirt begann, hat sie freilich nicht geendet. Am tristen Ende stand nämlich der Konzessionsentzug nach dem Zweiten Weltkrieg. Ein Stammgast, der in verbrecherischer Weise von der Schellingstraße aus in die Weltgeschichte eingegriffen hat, war schuld daran, daß dunkle Schatten auf die »Osteria« fielen.

Es ist zwar nicht überliefert, wann Adolf Hitler zum ersten Mal seinen Fuß in das italienische Lokal gesetzt hat. Fest steht aber, daß der braune Diktator das Restaurant zu seinen Münchner Lieblingsadressen zählte. Nur ein paar Schritte entfernt, in der Schellingstraße 50, befand sich im Rückgebäude das erste Aktionszentrum der NSDAP. Und im alten Buchgewerbehaus, auch nur wenige hundert Meter weiter gelegen, wurde das NS-Kampfblatt »Völkischer Beobachter« gedruckt.

Was auch immer den Antialkoholiker und Vegetarier Adolf Hitler dazu bewogen haben mag, ausgerechnet eine italienische Weinstube zu seinem Stammlokal zu wählen, weiß heute niemand mehr so ganz genau. Doch es gibt Mutmaßungen. So soll er sich an einem kleinen Tisch in der Ecke des sogenannten Bismarckzimmers vor möglichen Attentätern besonders sicher gefühlt haben. Um Hitler zu schützen, wurden sogar die Toiletten umgebaut und einige Wände mit schußsicheren Stahlplatten verstärkt. Es war wohl aber auch die Küche, die er geschätzt hat. Die Künste einer österreichischen Köchin, die in der »Osteria« für die Mehlspeisen zuständig war, soll Hitler besonders geliebt haben. Aber auch Gemüseaufläufe sowie überbackener Blumenkohl gehörten zu seinen bevorzugten Gerichten. Von der österreichischen Küchenfee war Hitler so begeistert, daß er sie schließlich abwarb und für sein Hauptquartier auf dem Obersalzberg engagierte.

Der braune Diktator kam selten allein. Prominente Nazis wie Heinrich Himmler, Alfred Rosenberg, Baldur von Schirach, Martin Bormann und Rudolf Heß waren oft in seinem Gefolge. Weil die meisten von Hitlers Tischgenossen durchaus nicht zu den Antialkoholikern zählten, kam es 1934 zu einem kuriosen Gesuch – Adolf Ernst Deutelmoser stellte beim Gewerbeamt den Antrag auf Ausschank von Branntwein, den er bis zu diesem Zeitpunkt nicht servieren durfte.

In der ausführlichen Begründung des »Osteria«-Wirts an die Behörden heißt es: »In dem Lokal nimmt auch der Führer Adolf Hitler, wenn er nach München kommt, häufig seine Mahlzeiten ein. Wenn auch der Führer keinen Alkohol zu sich nimmt, so bringt er doch jedesmal zahlreiche Begleitung mit, die ebenfalls zu bewirten ist. Es kommt zum Beispiel vor, daß nach einer anstrengenden Luft- oder Autofahrt die Begleitung wärmende Getränke (Tee mit Rum, Grog) oder aus anderen Gründen Branntwein verlangt. Der Umstand, daß es sich um das Verkehrslokal des Führers handelt, hat weiterhin zur Folge, daß der Besuch zunimmt.« Es dauerte nur ein paar Tage – und die Schnaps-Konzession war da.

Die von den Nationalsozialisten ausgelöste Katastrophe war zu Ende, das Dritte Reich untergegangen. Die »Osteria« lebte weiter, wenn auch nicht mit Adolf Ernst Deutelmoser, der als Träger des goldenen Parteiabzeichens nach dem Ende der Nazi-Herrschaft als Wirt untragbar geworden war. Es folgte ein kurzes Zwischenspiel: Es war der Wiener Rudolf Mrkva, der am 9. September 1945 das Lokal wiedereröffnete – und dabei gegen ein ehernes Gesetz der »Osteria« verstieß. Rudolf Mrkva schenkte Bier aus und bat ganz offiziell um die Genehmigung, daß er in Zeiten, in denen Bierflaschen knapp wurden, den Gerstensaft auch aus Fässern zapfen darf. Die Behörden hatten nichts dagegen. Schließlich hatte man andere Sorgen in der harten Nachkriegszeit, als sich lange bei solchen Lappalien aufzuhalten, ob in einer »Osteria« auch Bier zulässig ist. Rudolf Mrkva hielt es ohnehin nicht lange in dem italienischen Lokal. Er machte eine steile Karriere als Wirt der »Ochsenbraterei«, einem der größten Bierzelte auf dem Münchner Oktoberfest.

Nach der kurzen Phase des Experimentierens unmittelbar nach Kriegsende blieb der »Osteria« glücklicherweise das Schicksal erspart, zu einem Allerweltswirtshaus zu verkommen, in dem den alten Stammgästen bei Schweinsbraten, Lüngerl, Preßsack und ein paar Halben Bier die Erinnerung an die alles in allem doch stark italienisch geprägte Lokaltradition ausgetrieben wurde. Die Retter hießen Giulio und Clotilde Salvatori – er Italiener aus der südlichen Toskana, sie eine Halbitalienerin mit bayerischer Mutter. 25 Jahre lang führten die beiden das Lokal, holten den vielen Gästen wieder den südlichen kulinarischen Himmel auf die Tische der Maxvorstadt und machten das Restaurant zu einer Münchner Institution. Ehe die neuen Chefs den Herd anwarfen, brachen sie erst einmal mit der Tradition – sie tauften das Lokal um. Aus der »Osteria Bavaria« wurde die »Osteria Italiana«. Bei diesem Namen ist es bis zum heutigen Tag geblieben.

Rettung kam aus der Toskana

Giulio und Clotilde Salvatori faßten einen weisen Entschluß, als sie die alte »Osteria« übernahmen. Sie weigerten sich standhaft, dem neuen Trend zu folgen, zu dem sich die meisten italienischen Gastronomen verpflichtet fühlten, als sie in den Nachkriegsjahren die ersten Trattorie und Pizza-Kneipen in München eröffneten: Die Wände wurden mit Fischernetzen behängt, von den Decken baumelten bastumwickelte Chiantiflaschen, grob gepinselte Bilder in grellen Farben sollten südliche Atmosphäre vorgaukeln. Bei ihren abenteuerlichen Dekorationen schreckten die Münchner Neuwirte von den Küsten der Adria oder des Tyrrhenischen Meeres vor nichts zurück, am allerwenigsten vor Kitsch, der voller Inbrunst in immer neuen Orgien zelebriert wurde. Die Wirte von der »Osteria« hatten damit nichts am Hut. Ihnen war die alte Inneneinrichtung des Traditionslokals heilig.

Es blieb bei der dunklen Holztäfelung, die den drei ineinander übergehenden Räumen ihren besonderen Charme gibt, es blieb bei den alten Bildern und bei dem Tongeschirr, das auf Borden aufgereiht zum dezenten Dekor gehört. Unangetastet ließen die Salvatoris glücklicherweise auch das italienische Zimmer mit seinen großen Wandgemälden, die der Lokalgründer 1890 in Auftrag gegeben hatte. Sie zeigen in warmen Pastellfarben Ansichten des Golfs von Neapel mit dem Vesuv und Ausblicke auf italienische Ideallandschaften, von denen Kunstfreund Josef Deutelmoser zeitlebens so fasziniert war. Der hatte die Gemälde bei seinem Freund Carlo Wuttke in Auftrag gegeben, einem malenden Globetrotter, der mit dem »Osteria«-Wirt die Liebe zur Mittelmeerwelt teilte.

Erhalten blieb auch der zauberhafte kleine Innenhof mit seinem Brunnen. Wer das Glück hat, an einem warmen Sommerabend hier einen freien Platz zu finden, glaubt spätestens nach dem zweiten Glas Wein, mitten in der Toskana zu sitzen. Diese Illusion wird noch gesteigert, wenn sich ein nachtblauer Himmel mit seinen aufgehenden Sternen über die Freischankfläche spannt. Es ist sicher keine Übertreibung: Die »Osteria« besitzt einen der schönsten Münchner Innenhöfe. Wenn etwas dran sein sollte an der Behauptung, München sei die nördlichste Stadt Italiens, dann findet sich hier die Bestätigung.

Einen Eingriff in die alten Räume erlaubte sich Clotilde Salvatori allerdings schon, als sie zusammen mit ihrem Mann das Lokal 1951 übernahm. Sie ließ

Garten im Innenhof der »Osteria«, Postkarte von 1911.

Miß Mitfords Stammlokal
Osteria Bavaria mit politischer Vergangenheit

An der Pforte Schwabings, Ecke Schelling- und Schraudolphstraße, wurde im Jahre 1890 die Gaststätte Osteria Bavaria gegründet. Eine Sehenswürdigkeit war das von Wuttke mit Wandgemälden und der Byzantinischen Madonna ausgestattete italienische Zimmer und der italienische Hof. Die Gaststätte erfreute sich großer Beliebtheit bei der Münchner Künstlerwelt. Wie überall, so hatte auch hier der alles zerstörende Geist des Nazismus Einkehr gehalten und das Idyll zerstört. Während des „Tausendjährigen Reiches" waren Hitler und sein Troß immer wieder in diesem Lokal Gast, und seine stundenlang wartenden fanatischen hysterischen Anhänger erleichterten den Besitzer um viele „Andenken an die große Stunde".

Eine der merkwürdigsten Besucher der Osteria Bavaria war Miß Mitford. Ob sie so einen guten Riecher hatte oder frühzeitig verständigt wurde, entzieht sich unserer Kenntnis, aber sie war immer da, wenn Hitler kam, und wurde dann an seinen Tisch gebeten. War Miß Mitford eine Freundin Hitlers, oder eine Spionin, oder eine der sattsam bekannten Frauen, die das „einmalige Genie" Hitlers umschwärmten? Tatsache ist, daß die Schwester dieser Miß Mitford mit dem Führer der englischen Faschisten Mosley verehelicht war, und daß Miß Mitford 1939 bei Kriegsausbruch in den Anlagen des Englischen Gartens mit einer Schußwunde im Hals aufgefunden wurde und nach Behandlung in einem hiesigen Krankenhaus über die Schweiz in ihre Heimat gebracht wurde. Vom Geist des „Tausendjährigen Reiches" befreit, ist die Gaststätte neu instandgesetzt und von einem gebürtigen Münchner übernommen worden.   Gelneder.

Artikel über die »Osteria Bavaria« in der »Süddeutschen Zeitung« vom 10. Mai 1946.

im Eingangsbereich vier Boxen einbauen. Das war ein kleines Zugeständnis an den Geschmack der fünfziger Jahre. Durch Zwischenwände voneinander getrennte Tische – das galt damals als irrsinnig schick. Es gab und gibt Gäste, die Nischen schätzen, wenn sie unbeobachtet bleiben wollen. Zu ihnen gehörte zum Beispiel Marcello Mastroianni, der sich in der »Osteria« am liebsten in eine geschützte Ecke setzte, wenn er in Ruhe Spaghetti wickeln wollte. Ebenso Maximilian Schell und Gina Lollobrigida. Auch Politiker liebten die Boxen, um möglichst unbeobachtet zum Weinglas greifen zu können. Einer der prominentesten war Franz Josef Strauß, den es immer wieder in die »Osteria« zog. »Er kam schon als Junggeselle häufig zu uns«, erinnert sich Clotilde Salvatori. »Später dann mit Marianne. Ich hab' ihm stark zugeredet zur Ehe mit dieser Frau.«

War die alte »Osteria«, als sie noch den Beinamen Bavaria trug, ein Lokal, in dem auch alpenländische Kost auf die Tische kam, änderte sich dies mit den Salvatoris schlagartig. Jetzt gab es ausschließlich italienische Küche. Zugeständnisse an bayerisch-österreichische Traditionen gibt es seither keine mehr. Es gibt auch kein Bier und keine Cola. Die neuen Wirte blieben konsequent. Sie konzentrierten sich ganz auf das, was sie gelernt hatten und was sie perfekt beherrschten. Woher kamen sie, wo erwarben sie das Rüstzeug für ihre ebenso liebenswürdige wie erfolgreiche gastronomische Karriere?

Lange bevor Münchens gastronomische Landschaft von Pizza-Ketten und ein paar hundert Trattorie überzogen wurde, hatte der Römer Giuseppe Lombardi den Mut, in Schwabing ein italienisches Lokal zu eröffnen, und zwar 1929 in der Rambergstraße, einen Steinwurf von der Kunstakademie entfernt. Sein für damalige Zeiten ziemlich ungewöhnliches Gasthaus nannte Giuseppe »Osteria Lombardi«. Ungewöhnlich war es deshalb, weil hier im Gegensatz zu Josef Deutelmosers »Osteria Bavaria« kein einziges deutsches Gericht auf der Karte stand. Maestro Lombardi, der eigentlich zunächst Priester werden wollte, hatte sich nach abenteuerlichen Wanderjahren erst einmal als Gemüse- und Weinhändler durchs Leben geschlagen, ehe er auf die Idee kam, sich in München als Wirt niederzulassen.

Die verläßlichste Säule seines Betriebs war neben seiner Frau Tochter Clotilde. Sie füllte schon als Kind den Wein ab, bediente die Gäste und half auch schon mal in der Küche aus. Von den frühen Morgenstunden bis nachts um zwei Uhr schuftete sie in der »Osteria« des Vaters. »Er war ein echter Tyrann«, sagt die heute 88jährige. »Freizeit hatte ich eigentlich nie.« Die Anfangsjahre des kleinen Restaurants waren aber auch für den Chef des Hauses nicht einfach. Ausländerhaß war auch im München der zwanziger Jahre keineswegs unüblich. Er richtete sich mit Vorliebe gegen Italiener. Peppino sah sich vielen Anfeindungen ausgesetzt. Seiner Tochter verbot er, in der Trambahn italienisch zu sprechen. Aus Sicherheitsgründen.

Für Giuseppe Lombardis Tochter Clotilde wurde das Jahr 1942 zum Schicksalsjahr. Damals wurde sie vom Vater auf ein Weingut in das toskanische Städtchen Montefiascone geschickt, wo sich der Sohn des Hauses in den Gast aus München verliebte. Giulio Salvatori hieß der Mann, der mit der Hochzeit nicht lange wartete. Für die »Osteria« in der Schellingstraße, die beide später übernahmen, wurde diese Verbindung ganz entscheidend. Und das aus zwei Gründen. Erstens wurde Clotilde während ihrer Zeit in der Toskana in alle Feinheiten der italienischen Küche eingeweiht und zur perfekten Köchin ausgebildet, und zweitens brachte Giulio sein großes Wissen über Weine sowie seine guten Beziehungen zu den besten Winzern mit in die Ehe. Das machte sich gleich in den ersten Jahren nach dem Ende des Zweiten Weltkriegs bezahlt, als es darum ging, für die neu übernommene »Osteria« in der Schellingstraße einen anspruchsvollen Keller aufzubauen.

Doch ehe die Salvatoris das Restaurant übernehmen konnten, gab es noch ein kurzes Zwischenspiel. In einer Bombennacht war das väterliche Lokal in der Rambergstraße in Schutt und Asche gefallen. Um zu überleben, wandelten sie eine ehemalige Wärmestube in der Schwabinger Belgradstraße in ein kleines Restaurant um. Eine Attraktion mußte her, um auf sich aufmerksam zu machen. Und diese Attraktion konnte für die Salvatoris nur heißen: Erlesene Weine! Giulio schaffte es. Er schaffte es sogar, daß ihn das weltbekannte toskanische Weingut Ricasoli mit Brolio belieferte, einem Spitzenprodukt, das in der Nachkriegszeit für Münchner Weinkenner einer mittleren Sensation gleichkam. »Wir haben einen Kredit von 40.000 DM aufgenommen, um die Rechnung bezahlen zu können. Aber unsere Kalkulation ist aufgegangen. Wir kamen ins Gespräch, das Geschäft lief. Wir konnten die Schulden rasch zurückzahlen«, erinnert sich Clotilde Salvatori an diese abenteuerlichen Zeiten.

Dann 1951 die entscheidende Wende. Adolf Ernst Deutelmoser hatte endgültig die Hoffnung aufgegeben, daß er wegen seiner Nazi-Vergangenheit jemals wieder in der Lage sein würde, die von seinem Vater gegründete »Osteria Bavaria« noch einmal zu übernehmen. Es kam zu einem kurzen Gespräch mit den Salvatoris. »Es ging alles ganz schnell. In einer halben Stunde waren wir handelseinig. Wir bekamen den Zuschlag.« Clotilde weiß heute noch ganz genau, wie das damals vor 46 Jahren war. »Herr Deutelmoser war ausnehmend freundlich. Er hatte wohl großes Vertrauen zu uns.«

Das Vertrauen zahlte sich aus. Die »Osteria Italiana«, wie dieser kleine Tempel mediterraner kulinarischer Wonnen jetzt hieß und seither heißt, entwickelte sich zu einer verläßlichen Adresse für Feinschmecker, die begriffen hatten, daß es zu den schönsten Beschäftigungen eines Gourmets gehört, sich immer wieder dem besonderen Reiz der italienischen Küche auszusetzen. Die Wirtsleute nahmen eine klare Rollenverteilung vor. Signore Salvatori regierte in den Gasträumen und im Keller, seine Frau in der Küche.

Giulio Salvatori war weder Barone, noch Cònte, aber er war ein Herr, immer elegant, doch niemals einen Kick zuviel. In seinem scharf geschnittenen Etruskergesicht saßen hellwache Augen, denen nichts entging. Die Anweisungen ans Personal waren knapp, aber von scharfer Präzision. Laut wurde er nie, zumindest nicht vor den Gästen, denen er formvollendet höflich, doch niemals schulterklopfend leger begegnete. Sein toskanisches Selbstbewußtsein verbot ihm jede Spielart plumper Vertraulichkeit. Eine gewisse Distanz war für ihn selbstverständlich. Zuviel Jovialität, gespielte Freundlichkeit paßten nicht zu dem Mann, der sein Lokal mit distinguierter Grandezza betrieb. Dazu nahm er seinen Beruf zu ernst, vor allem den Umgang mit dem Wein, der für ihn mehr war als ein Getränk, das man beiläufig zu einem Spaghetti-Gericht hinunterschlabbert. Ältere Stammgäste erinnern sich an gewisse Rituale, die Signore Salvatori täglich streng einhielt. Um elf Uhr vormittags ließ er sich das Mittagessen in einer der Boxen servieren. Wer ihn dabei störte, hatte keinen guten Tag. Egal, ob es ein Kellner, ein Koch oder ein Stammgast war. Wenn der Chef zu raunzen begann, war ein mittleres Erdbeben angesagt.

In den seltenen Augenblicken, in denen Giulio Salvatori seine Wortkargheit gegenüber Gästen gelegentlich kurz ablegte, erzählte er gerne die Geschichte von der Namensgebung eines seiner Lieblingsweine, des »Est! Est! Est!«. Bemerkenswert war dabei der trockene Humor, mit dem er die altbekannte Story zu würzen vermochte: Als ein sinnenfroher Augsburger Fugger-Kardinal zu einer Reise nach Rom aufbrach, schickte er einen Kundschafter voraus, der den besten Wein auf der Route ausfindig machen sollte. In Salvatoris Geburtsstadt Montefiascone fand er ihn und schrieb ans Tor des Winzers: »Est! Est! Est!«, was frei übersetzt heißt: Er ist es!

Das Reich von Salvatoris Frau war die Küche. Sie blieb für die Gäste meist unsichtbar. Nur für ein paar Minuten ließ sie sich mit ihrem weißen Häubchen ab und zu blicken, um ein Menü zu besprechen oder ein Mißverständnis zu klären. Zum Ratsch mit Gästen fand sie keine Zeit. Ihren Blick wollte sie nur in Notfällen von Töpfen und Pfannen wenden. Schließlich verwendete sie ihr ganzes Engagement auf die Pasta. Die wurde schon in den fünfziger Jahren grundsätzlich hausgemacht. Vorgefertigte Nudeln aus der Pasta-Fabrik – für die Küchenchefin ein Ding der Unmöglichkeit. Und das schon fast 40 Jahre, bevor sich einige deutsche Trattorie dazu entschlossen, eigene Pasta-Köche einzustellen.

Und die Kellner? »Nein, Kellner kamen mir nicht ins Haus. Die stören nur den Betrieb. Mir waren Frauen als Bedienungen immer lieber«, urteilt Wirtin Clotilde, die sich vor allem gern an Zenta erinnert, die in der »Osteria« eine Art Institution war. Die kleine rotblonde Münchnerin hat ganzen Generationen von Stammgästen das Essen serviert, und sie konnte jede Gewürzmischung erklären. Zenta war eine jener Frauen, die ohnehin alles wissen. Ein Blick von ihr genügte, und man war durchschaut. Gesagt hat sie wenig. Aber ihre knappen Bemerkungen saßen. Mit einem kurzen Augenaufschlag war geklärt, wo der Gast heute Platz zu nehmen hatte. Clotilde Salvatori hat sie vor ein paar Jahren zu Grabe getragen. Mit Zenta, der ihre Stammgäste am liebsten ein Denkmal setzen würden, ist ein Stück alter »Osteria« gestorben.

Ziemlich nervös wurde Clotilde Salvatori, als ihr gemeldet wurde, daß Italiens Ex-König Umberto einen Tisch bestellt hatte. Was serviert man einem Monarchen? Die Küchenchefin belegte die Kalbsschnitzel mit Parmaschinken, panierte alles mit einer Mischung aus Ei, Semmelbrösel und geriebenem Parmesan und briet sie in der Pfanne. Das Gericht taufte sie auf den Namen »Scaloppe Savoia«, womit sie auf die Herkunft des prominenten Gastes aus dem Haus Savoyen anspielte. Das Gericht hielt sich noch lange auf der Speisekarte, es hatte etwas Aristokratisches.

Und wie gingen die Salvatoris mit der braunen Vergangenheit der »Osteria« um? »Die ging uns ja nichts mehr an. Wir haben das Lokal erst nach dem Ende des Zweiten Weltkriegs übernommen. In das Restaurant meines Vaters in der Rambergstraße ist Hitler nie gekommen. Nur der Himmler war einmal da.« Daß ehemalige Nationalsozialisten auch noch lange nach dem Zusammenbruch des Dritten Reichs im Bismarckzimmer, in dem an Tisch sieben

Hitlers Stammplatz gewesen war, einen Risotto oder ein Bollito misto gegessen haben, kann die Wirtin nicht ausschließen. Weiß es aber nicht so genau.

Mit der nationalsozialistischen Phase der »Osteria« will sie ohnehin nichts zu tun haben. Sie ist vielmehr stolz darauf, daß viele jüdische Künstler in den fünfziger und sechziger Jahren an ihren Tischen Platz genommen haben. Zu ihnen gehörte der Regisseur Fritz Kortner, der hier nach langen Probentagen oft in die Lasagne-Schüssel griff. Auch die große Schauspielerin Therese Giehse gehörte zu den Stammgästen der »Osteria«. Sie alle hatten beschlossen, sich den Appetit nicht mehr verderben zu lassen.

Wallfahrtsort für Italiensüchtige

Es war schon ein großes Abenteuer, als sich der Italiener Mario Knez im Sommer 1984 entschloß, die »Osteria« zu übernehmen. Denn schließlich hatte er in einer für ihn völlig fremden Stadt gegen eine starke Konkurrenz zu kämpfen. In der gastronomischen Szene Münchens hatte inzwischen eine nachhaltige Veränderung stattgefunden. Während die mediterrane Küche bis in die siebziger Jahre auch in Deutschlands südlichster Millionenstadt noch eher zu den Ausnahmen zählte, gehörten inzwischen Spaghetti und Pizze, Scaloppine, Calamari und Seppie zu den Selbstverständlichkeiten auf den Speisekarten. Die Zahl der italienischen Lokale war sprungartig gestiegen.

Die großen Brauereien, denen die meisten Gaststätten gehören, setzten verstärkt auf

Mario Knez ist seit 1984 der Padrone des Hauses.

ausländische Küche. Aus vielen traditionellen bayerischen Wirtshäusern wurden Trattorie, Pizzerien oder Ristoranti. Oder griechische und spanische Tavernen, türkische Speiselokale. Oft wurde aus der »Bierkneipe um die Ecke« der »Italiener um die Ecke«. Die Eßgewohnheiten der Mittelmeerwelt, die vor allem durch den Massentourismus in Bayern immer beliebter wurden, fanden bei einem breiten Publikum gewaltigen Zuspruch, das in Lokalen unkomplizierte und schnell zubereitete leichte Speisen suchte. Nach dem Theater, nach dem Kino, nach dem Einkaufen oder nach Büroschluß – man geht in München heute besonders gern zum Italiener.

Mario Knez beim täglichen Einkauf in der Großmarkthalle.

Doch in München, das inzwischen zu einer Art Metropole der verfeinerten Eßkultur geworden war, hatten nicht nur die einfachen Pizzabäcker und Pasta-Köche Erfolg. In der Stadt, in der sich ein Restaurant nach dem anderen einen Stern in der Gourmet-Bibel »Guide Michelin« erkochte, in der der große Küchenkünstler Eckart Witzigmann und seine Schüler ganz neue Maßstäbe setzten, entwickelten auch italienische Köche einen gewaltigen Ehrgeiz. Es wuchs die Zahl der Ristoranti, die den kulinarischen Hochburgen in der Emilia-Romagna, im Veneto oder in der Toskana an Qualität, Raffinesse und kulinarischem Anspruch in nichts nachstehen.

Mario Knez reiste also keineswegs in ein Entwicklungsland italienischer Kochkunst, als er sich entschloß, seine Heimat zu verlassen, um nach Bayern zu ziehen. Die Münchner wußten schließlich inzwischen, wie eine Seezunge von den Küsten der Adria schmecken muß und wie köstlich ein Branzino sein kann, wenn er richtig zubereitet wird.

Doch einmal davon abgesehen, daß die eingefleischten und fanatischen Freunde der Mittelmeer-Küche nicht unbedingt auf einen weiteren Propheten südlichen Lebensgenusses warteten, der neue »Osteria«-Chef hatte auch noch mit einer anderen Schwierigkeit zu kämpfen. Das einstmals so renommierte Lokal steckte einige Jahre lang in einer Krise. Nach dem altersbedingten Rückzug von Clotilde Salvatori wurde ein Konzept verfolgt, das beim

Stammpublikum wenig Anklang fand. Der Lack von früher begann abzubröckeln. Es war zu wenig, nur auf Tradition und Nostalgie zu setzen, um dem Ristorante seine alten Erfolge zu sichern. Man kann es drehen und wenden wie man will – es gab ein paar Jahre, in denen der »Osteria« das Schicksal drohte, auf das Niveau eines austauschbaren Allerweltlokals zu rutschen, ohne erkennbaren Stil, ohne Ambitionen.

Mario Knez sprach kein Wort Deutsch, als er in München seine neue Karriere als Wirt begann. Er brachte in seinem Reisegepäck neben einer großen Portion Mut zunächst einmal vor allem eines mit: entsetzliches Lampenfieber. Wird das Abenteuer gelingen, das kulinarische Denkmal »Osteria« wiederzubeleben, mit neuen Ideen zum Erfolg zu führen – und das in einer fremden Stadt, deren Menschen er nicht verstand? Die Sprachprobleme waren allerdings rasch zu lösen. Für Knez war das Lokal mit seinen Gästen und der tägliche Besuch in der Großmarkthalle die beste Sprachenschule.

Er stammt aus Triest, der heutige Padrone der »Osteria«, seine Familie kommt aus Istrien. Dort wo altösterreichische Tradition, slawisches Lebensgefühl und italienische Quirligkeit eine höchst bemerkenswerte Mischung aus drei ganz unterschiedlichen Kulturen zustande brachten und ein in Europa einmaliges geistiges, wirtschaftliches und mentales Klima schufen, erwarb Mario Knez das Rüstzeug für seinen Beruf. Friaul heißt die östlichste Region Italiens, die auch heute noch Welten von Rom oder Sizilien trennen.

Mario Knez berät seine Gäste im italienischen Zimmer.

Triest ist sein Zentrum.

Aus der vielschichtigen, multikulturellen Historie seiner Heimat leitet sich der ganz und gar unitalienische Nachname des »Osteria«-Wirts ab. Die slowenischen Vorfahren waren in den Zeiten der k. u. k. Monarchie aus Österreich zugewandert.

Auch wenn der »Osteria«-Wirt inzwischen zum Münchner geworden ist – zumindest beruflich –, die Sehnsucht nach Triest hat ihn nie verlassen. Noch heute zieht es ihn an fast jedem freien Tag in die alte Hafenstadt an der nordöstlichen Adria. Von dieser Sehnsucht profitieren vor allem auch die Gäste seines Lokals. Denn jedes Mal, wenn es ihn nach Hause treibt, lädt er sein Auto mit frischem Gemüse, Salat oder Würsten voll, die ein paar Stunden später in seiner Restaurantküche landen und somit den Speiseplan der »Osteria« ganz entscheidend beeinflussen.

Nun ist es aber keineswegs so, daß Mario Knez zum provinziellen friaulischen Lokalpatrioten taugt. Engstirnigkeit ist ihm fremd. Der immer in elegantes schwarzes Tuch gekleidete Norditaliener, der nie auf die Krawatte verzichtet, gibt sich ganz als Kosmopolit. Statt Gastronom hätte er vermutlich ebensogut Diplomat werden können. Mit formvollendeter Höflichkeit begrüßt er seine Gäste, führt sie an die Tische und verschwindet anschließend mit fast lautloser Dezenz.

Seine äußerliche Zurückhaltung kann aber keine Sekunde darüber hinwegtäuschen, daß der Padrone aus Triest die Lage in seinem Lokal ständig im Griff hat. Fehlt an einem Platz ein Besteck, wird der Wein zu lange nicht nachgeschenkt, ist eine der Blumen auf den Tischen am Verwelken, schaut ein Gast mit fragendem Blick durch den Raum – mit der Hand eines aufmerksamen Regisseurs führt der Chef seine Kellner durch den Arbeitsalltag oder greift im Zweifelsfall selbst ein. Das alles vollzieht sich nahezu geräuschlos, selbst an besonders heißen Tagen. Lautstarke Auseinandersetzungen zwischen Chef und Personal, die in manchen italienischen Lokalen als eine Art folkloristischer Show-Einlage ausgetragen werden, sind in der »Osteria« verpönt. Noblesse gibt den Ton an. Keine Spur von der geräuschvollen Betriebsamkeit, die Italiener nördlich der Alpen so gern als südliche Spezialität verkaufen und unter dem Applaus vieler Gäste als vermeintlich unverzichtbare Zugabe zum Essen servieren.

Zum Erfolg der »Osteria«, die heute wieder zu den besten italienischen Ristoranti diesseits des Brennerpasses zählt, haben ganz entscheidend die neuen Töne beigetragen, die Mario Knez in dem alten Gemäuer eingeführt hat. Der noble Umgangston gehört inzwischen zur Grundausstattung. Was nicht bedeutet, daß sich die »Osteria« inzwischen in einen kulinarischen Tempel eines hochgestochenen Publikums gewandelt hätte, in der nur noch das gedämpfte Parlando einer geldig-elitären Klientel zugelassen wäre. Der

Padrone blieb auf dem Teppich und schaut keinen schräg an, dessen Appetit nach dem Genuß eines Tellers mit Spaghetti vongole bereits gestillt ist und der sich beim Wein auf ein Glas offenen Chardonnay beschränkt.

Mario Knez weiß eben, daß der Charme, der Ruf und auch der Erfolg eines Lokals nicht vom schnellen Umsatz und vom raschen Wechsel der Gäste abhängen. Wer sich dazu entschlossen hat, zum Essen in die »Osteria« zu gehen, will dort nicht nur eine Stunde, sondern den ganzen Abend verbringen. Und je länger der Gast an einem der Tische sitzt, desto intensiver erschließt sich ihm der eigenartige Charme dieser Kultstätte der feineren Genüsse.

Diesen Reiz macht eben ganz entscheidend das Ambiente aus. Man könnte das fast düster wirkende Interieur nach dem ersten Blick heute hoffnungslos altväterlich nennen – und liegt damit doch völlig daneben. Denn bereits der zweite Blick verschafft Klarheit. Nichts ist verzopft, nichts trägt die Spuren verschnörkelter Spießigkeit. Hier strahlt jeder Winkel jene ruhige Selbstverständlichkeit aus, die den Zauber des gelassenen Alterns ausmachen kann. Der Padrone verfügt über so viel Instinkt, daß er diese Stärke der »Osteria« sofort erkannte und den weisen Entschluß faßte, die »Osteria« vor dem Schicksal einer radikalen Renovierung zu bewahren.

Nichts wurde an dem Charakter der alten Weinwirtschaft mit ihren holzgetäfelten Wänden und den dunklen Kassettendecken geändert, kein Versuch wurde unternommen, die »Osteria« durch ein schickes Styling mondän aufzumöbeln. Keine schick-verspielten Spiegel, keine chromblitzenden Lampen, kein Mobiliar, das vom ehrgeizigen Stilwillen eines Designers zeugt.

Dieser radikale Verzicht auf jede Art von modischen Spielereien und glitzerndem Firlefanz führte dazu, daß sich die »Osteria« schon rein äußerlich von fast allen sogenannten Nobel-Italienern unterscheidet und durch Beharrlichkeit zu einem Unikum in Münchens gastronomischer Landschaft wurde.

Dennoch wurde das Restaurant nicht zu einem angsteinflößenden Denkmal, dem man sich vor lauter Ehrfurcht nur flüsternd zu nähern traut. Die große Zahl von jüngeren Gästen, die hier lustvoll in die Pasta greifen, beweist, daß das Lokal keineswegs an seiner langen Geschichte erstickt. Wer heute als Student auf ein kleines Gericht vorbeischaut, kommt später als Professor, arrivierter Künstler oder erfolgreicher Manager wieder. Auch das ist Tradition in der »Osteria«. Für die meisten Stammgäste – und die stellen fast 80 Prozent der Kundschaft – ist das noble Ristorante in der Schellingstraße zum lebenslangen kulinarischen Fixpunkt geworden. Hier wurden die ersten Italien-Träume geträumt, und hierher kam man immer wieder, um die Erinnerung an die Mittelmeer-Reisen aufzufrischen und neue Reisepläne zu schmieden.

Stolz ist Mario Knez darauf, daß viele seiner prominenten Landsleute immer wieder die »Osteria« fanden und noch heute finden. Der gefeierte Opernstar

Piero Capucilli steuerte nach jedem seiner Auftritte am Nationaltheater das Lokal an. Ebenso seine Kollegen Mirella Freni oder Nicolai Ghiaurov. Auch Stardirigent Riccardo Muti kommt häufig vorbei, wenn er in München ein Gastspiel gibt. Daß in früheren Zeiten der Schriftsteller Thomas Mann in der »Osteria« hin und wieder ausgiebig speiste, empfindet Mario Knez als große Ehre, ebenso wie die Anhänglichkeit Ernst Jüngers, der sich selbst im biblischen Alter von über hundert Jahren wiederholt von der »Osteria«-Küche verwöhnen ließ.

Seit der Padrone aus Triest die »Osteria« führt, treibt es immer wieder Künstler, Wissenschaftler und Politiker an die Tische des Hauses. Dirigent Sergiu Celibidache schätzte die Fischgerichte, Geigenvirtuosin Ann-Sophie Mutter liebt die Pasta. Franz Josef Strauß und sein Troß gehörten über viele Jahre hinweg zu den Stammgästen. Auch SPD-Politiker wie Rudolf Scharping, Gerhard Schröder oder Oskar Lafontaine gehören zu den regelmäßig wiederkehrenden Gästen. Der Kreis derer, die es immer wieder zu dieser Sehnsuchtsstätte italienischen Flairs zieht, ist groß – und war niemals in bestimmte Lager unterteilt. Die Italianità hat in der »Osteria« ein breites Herz.

Der diskrete Charme des Mario Knez

Auch wenn er selbst nicht zum Kochlöffel greift, sondern den Herd seinem Küchenchef Stefano De Michielis überläßt – ohne Mario Knez geht nichts in der Küche der »Osteria«. Er bestimmt, was auf die Speisekarte kommt, er komponiert zusammen mit dem Chefkoch das täglich wechselnde Programm. Er kauft den Fisch, das Fleisch, das Gemüse, er kümmert sich um die frischen Kräuter, sorgt dafür, daß Rosmarin, Salbei und Thymian nie ausgehen. Und er ist darauf bedacht, daß im Keller des Hauses ständig all die Weine vorrätig sind, die zum unverzichtbaren Repertoire seiner »Osteria« gehören, die sich traditionsgemäß der sorgfältigen Pflege des Rebensaftes verpflichtet fühlt.

Im Schatten von Schloß Miramare, das herrisch über dem Golf von Triest thront, erwarb Mario Knez seine ersten gastronomischen Erfahrungen. Dort betrieb sein Onkel ein Restaurant. Selbstverständlich spielt an der Küste der Adria der Fisch eine zentrale Rolle. Seine Liebe zu allem, was das Meer hergibt, brachte der Italiener in Münchens Schellingstraße mit. Der Branzino, der König der Mittelmeerfische, der auf französisch gehaltenen Speisekarten Loup de Mer heißt, fehlt im Speiseplan der »Osteria« fast nie. Mario Knez war einer der ersten Münchner Wirte, der den Branzino in Salzkruste zubereiten ließ. Der dicke Salzpanzer, der erst beim Servieren am Tisch abgenommen wird, verhindert, daß das Fleisch austrocknet. Der herrliche aromati-

Die Küchenbrigade.

sche Eigengeschmack wird durch diese Art der Zubereitung nicht nur vollkommen erhalten, er wird sogar noch gesteigert.

Italiener lieben bekanntlich Scampi über alles. Selbstverständlich gehören auch sie zu den beliebten Spezialitäten der »Osteria« – und zwar in vielen Variationen: gebraten, gegrillt oder in Gemüse geschmort. Und was wäre eine Mittelmeerküche ohne die vielen Muschelsorten, ohne die Calamari, die Seppie oder die Meerspinnen? Die Frutti di Mare bilden auf der Speisekarte der »Osteria« die Basis für unzählige Speisevariationen, zu denen sich Phantasie und Kreativität der Küchenmannschaft immer wieder herausgefordert sieht. Auch wenn der Chef Wert darauf legt, daß die Tradition der Standardgerichte nie vergessen wird. Denn sie bilden die kulinarische Basis des Gourmet-Tempels.

Zu diesen Küchen-Klassikern gehört in der »Osteria« das Bollito misto, das gemischte gekochte Fleisch, ohne das ein Ristorante, das etwas auf sich hält, im Grunde nie auskommen kann. Leider hat sich in vielen Ristoranti die Unsitte breitgemacht, das Bollito in liebloser Sparform zu servieren. Ein paar halb verkochte Scheiben Rindfleisch, ein Stück faseriges Huhn – das wär's dann meistens schon. Kein Wunder, daß das Bollito im Wettstreit gegen das Steak lange Zeit in Deutschland kaum Punkte machen konnte.

Vermutlich ist jeder zum Umdenken bereit, der sich in der »Osteria« einmal ein Bollito auftischen ließ. Es ist eine Speise – und das gehört schon zu ihren ersten Besonderheiten –, zu der ein Zeremoniell gehört. Der Kellner schiebt einen Wagen an den Tisch, in dessen Kesseln das Fleisch ruht. Vor den Augen des Gastes wird es sorgfältig aufgeschnitten – die Portionen orientieren sich am Appetit. Zu den unverzichtbaren Bestandteilen gehört ein Stück vom Kalbskopf, vom Rindfleisch und vom Kalb sowie etwas Huhn. Ebenso unverzichtbar sind Kalbszunge und gepökelte Rinderzunge. Doch was wäre ein Bollito ohne Wurst? Mario Knez besteht darauf, daß immer Cotechino und Zampone mit auf den Teller kommen – zwei Würste, die in seiner friaulischen Heimat zu den Nationalgerichten gehören. Bei so viel Fleisch sind frische Kräuter unverzichtbar. Diese liefert die Salsa verde, die grüne Sauce, deren wichtigster Bestandteil Petersilie ist. Dazu kommen Meerrettich und Senffrüchte.

Bleiben wir beim Fleisch. Kaum ein Tag, an dem nicht Lamm in irgendeiner Form auf der Karte steht. Zu den begehrtesten, weil zartesten Gerichten gehört der Lammrücken, außen knusprig, innen noch rosa. Und das Ganze so, wie es italienische Gaumen am meisten lieben – nämlich in einem Mantel aus verschiedenen Kräutern gebraten. Auch wenn deutsche Gäste gelegentlich noch Vorbehalte haben, die »Osteria« will sich nicht nachsagen lassen, daß sie auf eine der beliebtesten Speisen der Apenninenhalbinsel verzichtet, auf die Trippe – die Kutteln. Mit Wein und Tomaten zubereitet, gelegentlich auch mit Sahne, gehören sie zu den Gerichten, auf die ganz Italien süchtig ist.

Enrico Lettieri und Egidio Sommavilla vor dem täglichen Ansturm.

Der Padrone im Weinkeller.

Fisch, Fleisch, Gemüse – alles ist wichtig. »Doch in einen italienischen Magen gehört vor allem Pasta«, stellte Clotilde Salvatori schon fest, die legendäre alte Chefin der »Osteria«. Ihr Nachfolger aus Triest läßt sich nicht lumpen. Er spornt seine Küchenmannschaft bei den Nudelgerichten zu immer neuem Ehrgeiz an. Außer den industriell gefertigten Spaghetti wird alles, was unter dem Oberbegriff Pasta zu finden ist, grundsätzlich selbst gemacht. Und zwar immer frisch. Egal, ob es sich um Ravioli oder Papardelle, um Tortelloni oder Lasagne handelt – es gehört zum Ehrgeiz der »Osteria«, daß nichts auf die Tische kommt, was nicht in hauseigener Produktion entstanden ist.

Ein Padrone, der aus dem Friaul stammt, kann auf vieles verzichten. Auf eines aber bestimmt nicht. Auf den Risotto. Seine perfekte Zubereitung ist schon deshalb eine Kunst, weil es bei dem Reisgericht auf die richtige Konsistenz ankommt. Ein bißchen suppig soll er sein, aber eben auf keinen Fall matschig. Beim Risotto kommt's auf die Sekunde an.

Norditaliener kennen das Reisgericht in unzähligen Variationen. Die »Osteria« setzt beim Anreichern vor allem auf drei Spielarten – auf den Risotto Milanese mit Safran und Markknochen, auf die Beigabe von leicht bitter schmeckendem Radicchio trevisano oder auf den Risotto marinara, zu dem in jedem Fall Calamari und verschiedene Muschelsorten gehören.

In seinem Weinkeller herrscht Mario Knez wie ein absolutistischer Fürst, der nichts duldet, was ihm nicht behagt oder seinen Qualitätsansprüchen nicht

Enrico Lettieri.

Egidio Sommavilla.

Michele Del Vecchio.

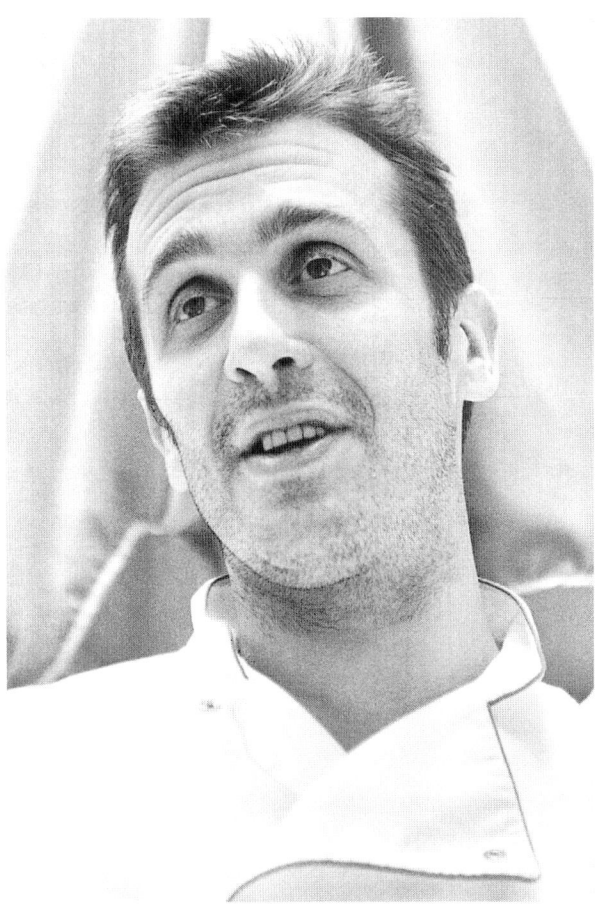

Küchenchef Stefano De Michielis.

Der Küchenchef prüft das maritime Angebot.

genügt. Es sind vor allem die Weißweine des Friaul, die er besonders pflegt, allen voran die Tropfen aus dem Collio und den Colli Orientali, die zu den besten Anbaugebieten Italiens gehören. Der Tocai, der Ribolla, der Pino Bianco, der Pinot Grigio und der Sauvignon sind die Klassiker beim friulanischen Weißwein – an denen hält die »Osteria« fest. Beim Roten setzt der »Osteria«-Chef vor allem auf die Anbaugebiete in der Toskana und dem Piemont. Von dort bezieht er die großen Weine seines Kellers – vom schlankeren Chianti bis zum schweren, körperreichen Barolo oder Barbaresco.

Freunde der italienischen Küche, die in der »Osteria« vor Anker gehen, werden vergeblich darauf warten, daß der Wirt zu irgendeinem Zugeständnis an modischen Schnickschnack bereit ist. Das Ristorante am Tor zu Schwabing bekennt sich mit unverkrampfter Selbstverständlichkeit und augenzwinkender Liebenswürdigkeit zu seiner Tradition. Trotz seiner langen Geschichte versteht es dieser kleine Tempel Münchner Italiensehnsucht, ohne schrille Töne seinen stillen Charme strahlen zu lassen.

Für diesen Charme sorgen vor allem auch die Kellner, die den Kontakt zu den Gästen pflegen. Sie bilden ein eingeschworenes Team, das genau weiß, wie wichtig es beispielsweise ist, schon allein die Speisekarte richtig zu präsentieren. In der »Osteria« wird diese Geste zum liebenswürdig spielerischen Zeremoniell. Zunächst einmal ein paar Tips zum aktuellen Angebot des Tages, dort ein paar Worte zum passenden Wein – und das alles mit dem flinken Parlando südländischer Lebenslust.

Der Innenhof.

Die drei von der Stammannschaft sind ein eingeschworenes Team. Dabei könnten sie unterschiedlicher nicht sein, stammen sie doch aus ganz verschiedenen Regionen Italiens. Enrico Lettieri ist der temperamentvollste von allen, schließlich stammt er aus Napoli. Der Süditaliener liebt die große Geste. Ganz anders, weil etwas zurückhaltender, ist Michele Del Vecchio. Er kommt aus Apulien. Norditalienische Grandezza verbreitet der elegante Egidio Sommavilla, der Mann aus dem Veneto.

Enrico, Michele und Egidio – sie kümmern sich nicht nur umsichtig um die Gäste, bringen Atmosphäre ins alte Gemäuer, sie wissen auch ganz genau, was gerade in der Küche passiert. Ihr Zusammenspiel mit Chefkoch Stefano De Michielis ist perfekt. Seit 14 Jahren steht der alerte Küchenkünstler am Herd der »Osteria«, stammt wie Restaurantchef Mario Knez aus Triest. Zunächst in seiner Heimatstadt, später in Vicenza und Mailand drang er tief in die Geheimnisse der mediterranen Küchenkunst ein. Stefano De Michielis hat selbstverständlich alle Klassiker der italienischen Speisekarte in seinem Repertoire. Doch zu Höchstform läuft er vor allem dann auf, wenn er zwischendurch einmal die bewährten Pfade verlassen und spontan improvisieren kann. Er genießt es richtig, seine Phantasie immer wieder neu zu fordern. »Osteria«-Chef Mario Knez, der mit aristokratischer Dezenz im Hintergrund die Fäden zieht, ist stolz auf seine kleine eingespielte Truppe, ohne die der Erfolg des traditionsreichen italienischen Eßtempels nicht denkbar wäre.

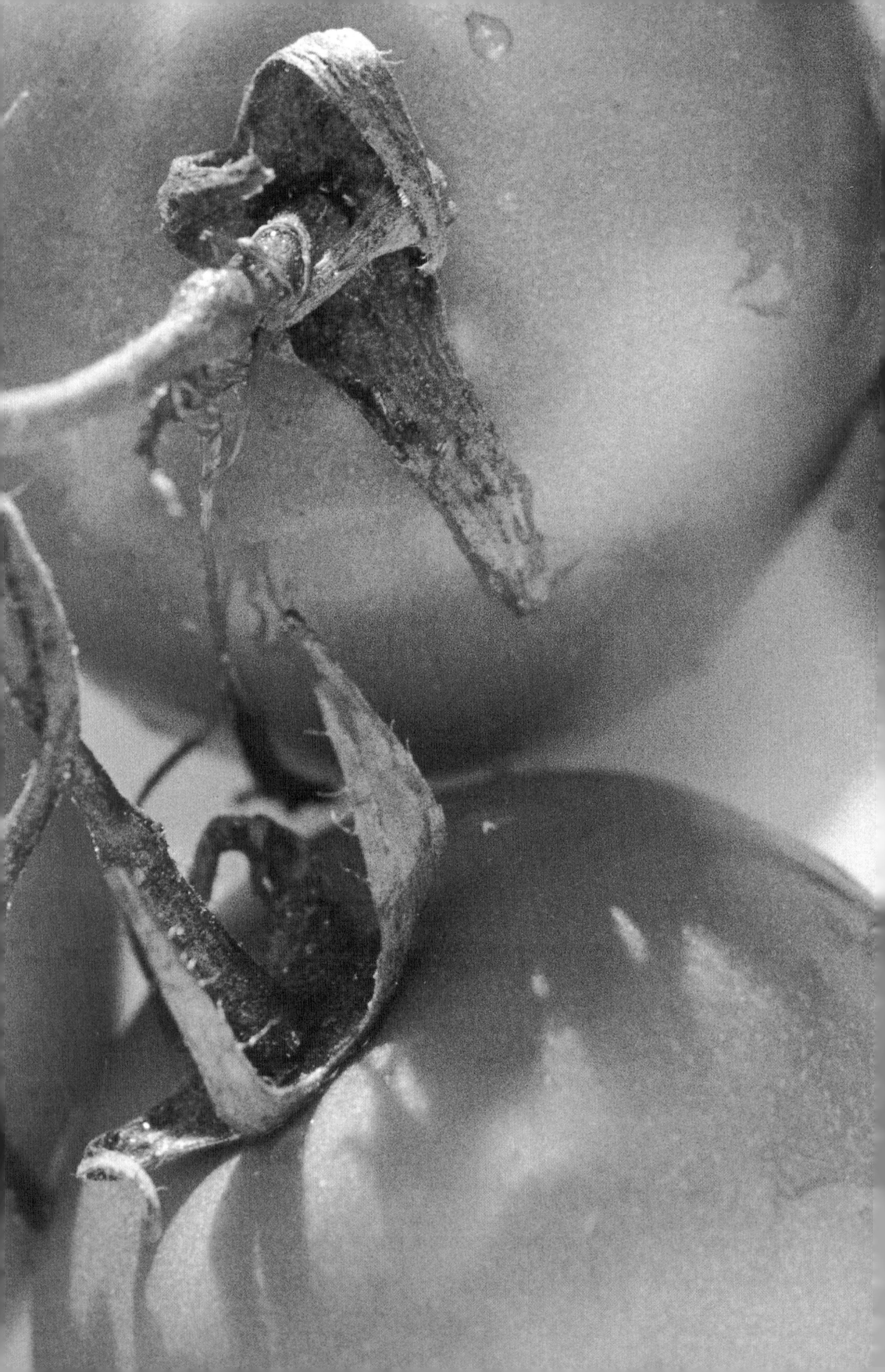

Antipasti

Crostini melanzane
Geröstetes Brot mit Auberginen

Für 4 Personen

1 Toskanabrot (ca. 2 Scheiben pro Person)
2 feste Auberginen
2–3 Knoblauchzehen
150–200 g Kirschtomaten
1/2 Bund Basilikum
Olivenöl
Salz, Pfeffer

Die Auberginen schräg in 1/2 Zentimeter dicke Scheiben schneiden, kräftig salzen, beschweren und abtropfen lassen. Gut waschen und trockentupfen. In einer beschichteten Pfanne 1/2 zerdrückte Knoblauchzehe und wenig Öl erhitzen und die Auberginenscheiben von beiden Seiten braten.

Die Hälfte des Basilikums fein schneiden, 1 Knoblauchzehe sehr fein hacken, mit Salz und Pfeffer und Öl mischen. Etwas von der Öl-Kräuter-Mischung auf eine große Platte geben, eine Schicht Auberginenscheiben darauflegen, von der Öl-Kräuter-Mischung darübergießen, darauf eine zweite Schicht Auberginen und zum Schluß die restliche Öl-Kräuter-Mischung darübergeben. Etwa 1 Stunde ruhenlassen.

Die Tomaten waschen, halbieren und ausdrücken, dann vierteln oder achteln, leicht salzen und auf einem Gitter abtropfen lassen. Vorsichtig schütteln und in eine Schüssel geben.

Das restliche Basilikum fein schneiden, den restlichen Knoblauch sehr fein hacken und mit Salz, Pfeffer und Öl mischen. Über die Tomaten gießen und vorsichtig mischen.

Das Brot in daumendicke Scheiben schneiden, von beiden Seiten rösten und nach Geschmack mit Knoblauch einreiben.

Von den marinierten Auberginenscheiben den Knoblauch abschütteln, diese auf die gerösteten Brotscheiben legen, etwas Tomaten daraufgeben und sofort servieren.

Weinempfehlung:
Ein junger Weißwein, z. B. Breganze.

Insalata di pomodori con parmigiano
Tomatensalat mit Parmesan

Für 4 Personen

4 feste Fleischtomaten
2 mittelgroße rote Zwiebeln
100 g Parmesan
1/2 Bund Basilikum
Olivenöl
Salz, Pfeffer

Die Tomaten vierteln und dann in Scheiben schneiden. Auf einem Gitter abtropfen lassen.

Die Zwiebeln in hauchdünne Scheiben hobeln, in eine Schüssel geben, unter schwach laufendes Wasser stellen (etwas abdecken, damit die Zwiebelscheiben nicht wegschwimmen). So werden die ätherischen Öle ausgeschwemmt und die Zwiebeln sind leichter verträglich.

Die Tomaten in eine große Salatschüssel geben, mit Salz, Pfeffer und Öl würzen und die Zwiebeln hinzufügen.

Die Hälfte des Parmesans darüberreiben und alles vorsichtig mischen.

Die Tomaten und Zwiebeln auf Teller legen. Den restlichen Parmesan in feine Scheiben schneiden und darüberstreuen. Mit Basilikum garnieren.

Asparagi fritti
Fritierter Spargel

Für 4 Personen

12 dicke weiße Spargel
150 g gekochter Schinken, in dünne Scheiben geschnitten
1 Ei
Mehl
Paniermehl
Öl zum Fritieren
Zucker
Salz, Pfeffer

Den Spargel schälen, kurz blanchieren. In wenig Wasser mit 1 Prise Zucker und Salz al dente kochen. Auf einem Küchentuch trocknen und in die Schinkenscheiben rollen.

Jeweils auf einen Teller Mehl, verschlagenes Ei und Paniermehl geben.

In einem großen Topf 3–4 Finger hoch Öl erhitzen. (Hitzeprobe mit Holzlöffel oder Spargelstückchen!)

Spargelstangen panieren und portionsweise goldgelb fritieren (etwa 1 Minute).

Weinempfehlung:
Ein Weißwein, z. B. ein Traminer oder ein Müller-Thurgau aus dem Trentino.

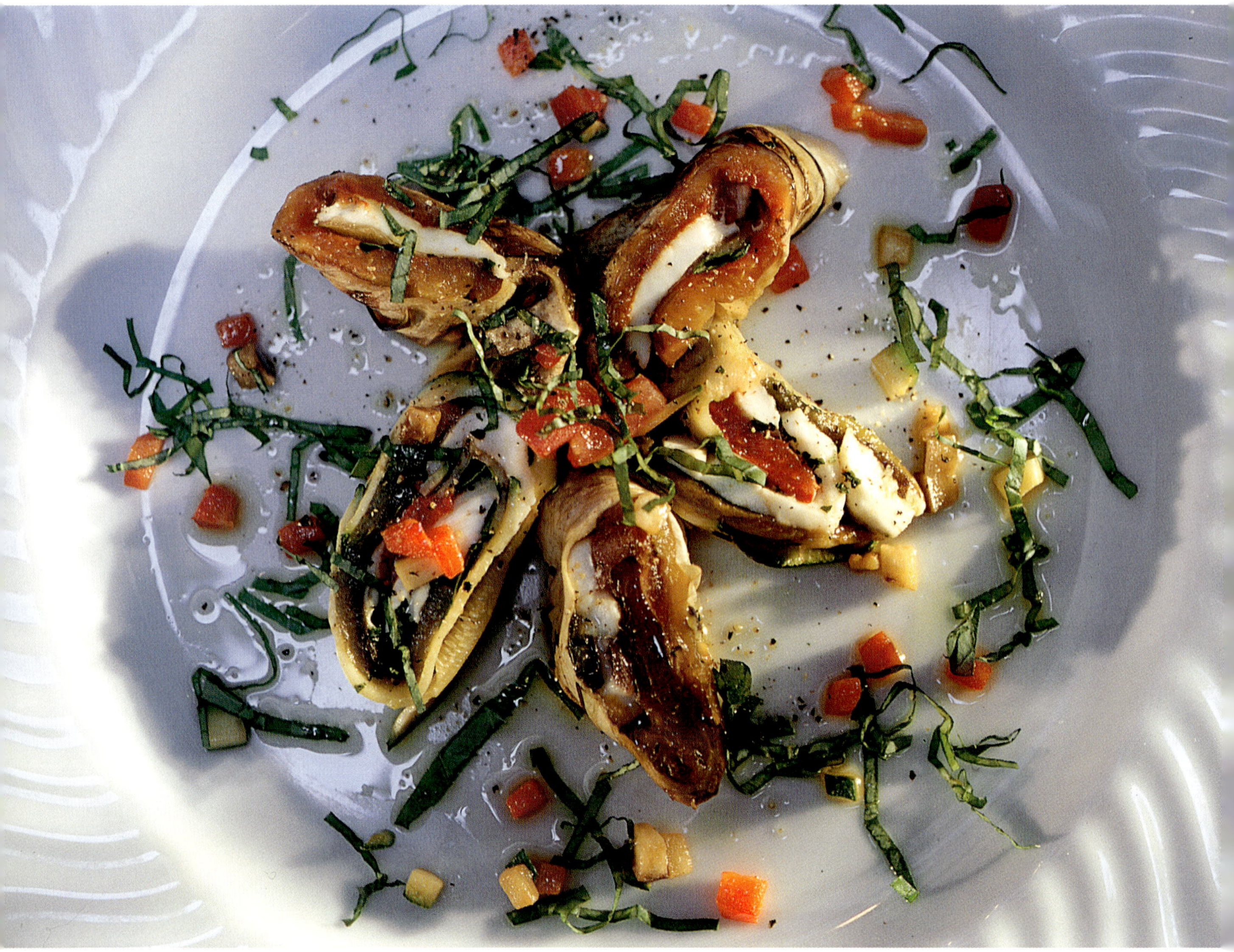

Involtini di verdura
Gemüserouladen

Für 4 Personen

**1 großer roter Paprika
1 gelber Paprika
1 Aubergine
1 großer Zucchino
1 Mozzarella
1 Bund Basilikum
1 Bund Oregano
Olivenöl
Salz, Pfeffer**

Die Paprika waschen, trocknen und in einem offenen Topf mit etwas Öl bei 180–190 Grad 20–25 Minuten in den Ofen schieben. Die Paprika in eine Plastiktüte stecken und abkühlen lassen. Jetzt geht die Haut ganz leicht ab. Halbieren und putzen, auf einen großen Teller legen, salzen, pfeffern und mit Öl beträufeln.

Die Oreganoblätter abzupfen. 1/2 Bund Basilikum fein hacken. Und den Mozzarella in dünne Scheiben schneiden.

Aubergine und Zucchino längs in knapp 1/2 Zentimeter dicke Scheiben schneiden. In einer beschichteten Pfanne in wenig Öl braten und auf Küchenpapier abtropfen lassen.

Auf einem Arbeitsbrett 3–4 Auberginenscheiben so legen, daß sich die Ränder überlappen. Darauf Salz, Pfeffer, Kräuter, Mozzarellascheiben und Paprika geben. Mit einem Spatel vorsichtig anrollen und mit den Händen fertig aufrollen. In schräge Scheiben schneiden und mit einigen Basilikumblättern auf die Teller legen.

Genauso verfahren Sie mit den Zucchinischeiben. Sie können auch Auberginen- und Zucchinischeiben zusammen rollen.

Trevisano marinato
Marinierter Radicchio di Treviso

Für 4 Personen

12 Radicchio di Treviso (Spadone)
5 mittelgroße Zwiebeln
1/2 l Rotweinessig
1 Glas Weißwein
evtl. etwas Brühe
Olivenöl
Salz, Pfeffer

Die Spitzen vom Radicchio abschneiden, Wurzeln schälen und etwas kürzen, waschen und gut abtropfen lassen. Die Stauden salzen, pfeffern und mit Öl beträufeln. Auf den Grillrost legen, Fettpfanne unterschieben, den Grill auf kleine bis mittlere Hitze einstellen, die Stauden 1–2mal wenden und dabei mit Öl beträufeln. Der Radicchio soll gar sein, aber nicht verbrennen.

Die Zwiebeln in Scheiben schneiden, würzen und in Öl in einer großen Pfanne garen. Mit Rotweinessig und Wein ablöschen, eventuell nochmal würzen und bei Bedarf noch etwas heiße Brühe oder Wasser zugeben.

In ein hohes Gefäß eine Lage lauwarmen Radicchio legen, mit einem Schaumlöffel einen Teil der gedünsteten Zwiebeln darauf verteilen, die Hälfte der Flüssigkeit angießen. Die zweite Lage Radicchio gegenläufig einlegen, die restlichen Zwiebeln darauf verteilen, ebenso die restliche Flüssigkeit. Etwas Öl darübergießen. Der Radicchio muß gut bedeckt sein. 3–4 Tage kühl stellen.

Der marinierte Radicchio schmeckt solo mit Brot. Er paßt aber auch gut zu einem Carpaccio.

Torta di zucchini
Zucchini-Kuchen

Für 4 Personen

250–300 g Tiefkühlblätterteig
4 große, feste Tomaten
3 mittelgroße Zucchini
200 g Pecorino
200 g Emmentaler
1–2 Knoblauchzehen
1 TL frischer oder 1/2 TL getrockneter Oregano
Olivenöl
Salz, Pfeffer

Die Tomaten halbieren, leicht ausdrücken. In etwa 1/2 Zentimeter dicke Scheiben schneiden, auf ein Abtropfsieb legen, leicht salzen und pfeffern.

Die Zucchini ebenfalls in 1/2 Zentimeter dicke Scheiben schneiden und kurz blanchieren. Gut abtropfen lassen und auf einem Küchentuch trocknen.

Den Knoblauch in dünne Scheiben schneiden, mit Salz, Pfeffer, Oregano und Öl vermischen und die Zucchinischeiben in dieser Mischung etwa 15 Minuten ziehen lassen.

Pecorino und Emmentaler jeweils in 10 dünne Scheiben schneiden.

Den Blätterteig dünn ausrollen und in eine runde, feuerfeste Form (Durchmesser 22 Zentimeter) oder eine entsprechende längliche Form legen. Darauf eine Lage marinierte Zucchini fächerförmig verteilen. Darauf einige Scheiben von beiden Käsesorten geben, dann Tomaten und wieder Käse. So fortfahren, bis alle Zutaten in die Form eingeschichtet sind. Im Ofen bei 220 Grad etwa 15 Minuten überbacken.

Dazu paßt eine leichte Tomatensauce (siehe Seite 101).

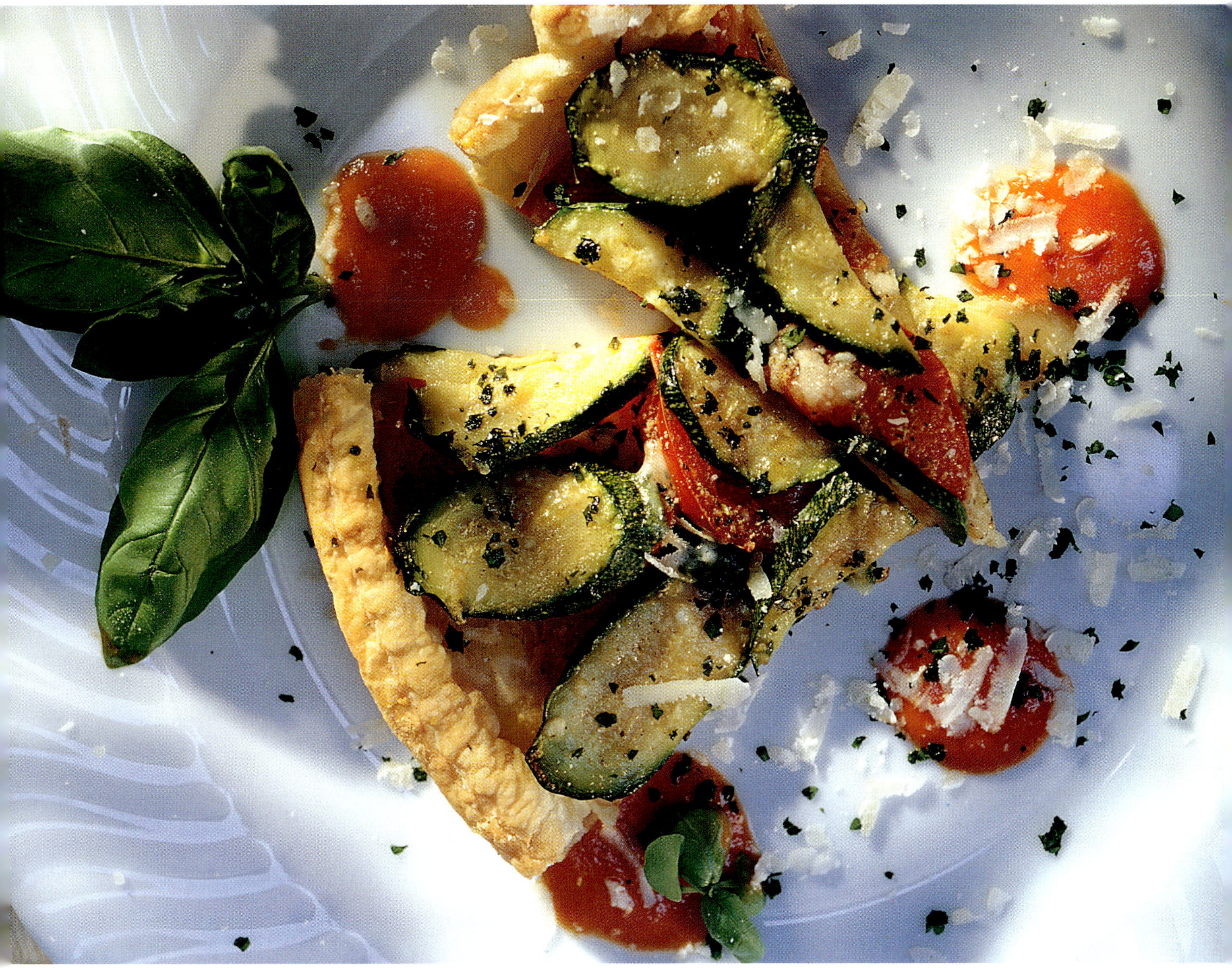

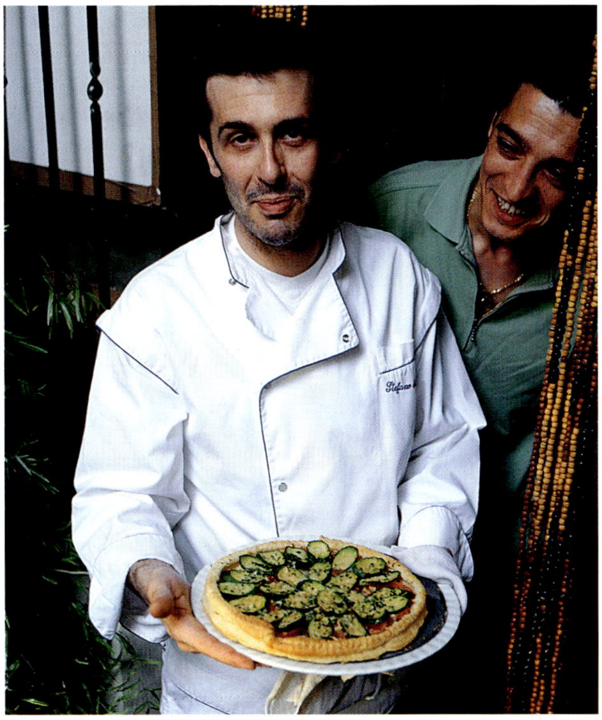

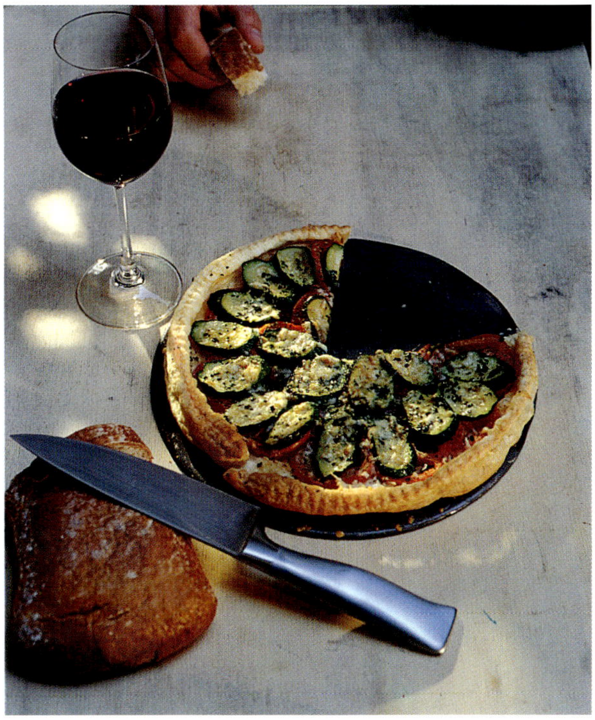

Porcini ripieni
Gefüllte Steinpilze

Für 4 Personen

8 mittelgroße Steinpilze
2 mittelgroße gekochte Kartoffeln
100 g Emmentaler
8 Scheiben Weißbrot ohne Rinde
1 Bund glatte Petersilie
1 Knoblauchzehe
1 Rosmarinzweig
1 EL geriebener Parmesan
Weißwein
evtl. etwas Fleischbrühe
Olivenöl
Salz, Pfeffer

Die Pilze sorgfältig putzen, die Stiele vorsichtig herausdrehen und in kleine Würfel schneiden. Die Köpfe zur Seite legen. Den Käse und die Kartoffeln in kleine Würfel schneiden. Das Weißbrot in Würfel schneiden oder fein zupfen. Petersilie, Knoblauch und Rosmarin fein hacken.

Die gewürfelten Pilzstiele mit Knoblauch und Rosmarin in Öl braten, in eine tiefe Schüssel füllen. Die Kartoffel- und Käsewürfel hinzufügen.

Weißbrot, Salz, Pfeffer, gehackte Petersilie, Parmesan und etwas Weißwein gut pürieren. Zu den gebratenen Pilzstielen geben und gut vermischen.

Die Pilzköpfe in eine geölte feuerfeste Form legen und mit der Mischung füllen. Bei 180 Grad etwa 8 Minuten im Ofen garen, dann kurz den Grill einschalten. Bei Bedarf etwas Fleischbrühe zugeben; die Pilze sollen nicht trocken werden.

Weinempfehlung:
Ein Blauburgunder, z. B. ein Pinot Nero aus dem Trentino.

Carciofi ripieni
Gefüllte Artischocken

Für 4 Personen

16 mittelgroße Artischocken
200 g Paniermehl
3–4 EL Parmesan
2 Knoblauchzehen
1 Bund glatte Petersilie
einige Minzeblätter
1/2 Glas Weißwein
Olivenöl
Salz, Pfeffer

Die Artischocken putzen, Spitzen abschneiden, kopfüber kurz auf die Arbeitsfläche drücken (die Blätter öffnen sich dadurch leichter) und die harten äußeren Blätter und das Heu entfernen. In eine große Schüssel mit Zitronenwasser legen.

Paniermehl, Parmesan, 1 Knoblauchzehe, Petersilienblätter, Minze und Salz und Pfeffer im Mixer oder mit dem Pürierstab gut mischen.

Die Artischocken gut abtropfen lassen und mit den Fingern die Paniermehlmischung zwischen die Blätter drücken. In einem großen Topf mit etwas Öl und 1 zerdrückten Knoblauchzehe die Artischocken zugedeckt kurz anbraten. Mit Wein ablöschen, verkochen lassen und etwa 1/2 Tasse Wasser zugeben. Bei kleiner Hitze 10 Minuten kochen, eventuell noch etwas Wasser hinzufügen.

Carciofi con patate
Artischocken mit Kartoffeln

Für 4 Personen

8 kleine Artischocken
8 kleine Kartoffeln
8 Schalotten
1 Knoblauchzehe
1 Rosmarinzweig
2 Gläser Weißwein
Olivenöl
Salz, Pfeffer
4 lange Holzspieße

Die Artischocken putzen, blanchieren und mit etwas Wasser und 1 Glas Weißwein al dente kochen.

Die Kartoffeln schälen und wie ein »Faß« zuschneiden. In etwas Öl bei kleiner bis mittlerer Hitze fast gar braten – sie sollen ringsum gut gebräunt sein.

Schalotten, Knoblauch und Rosmarin kurz anbraten, mit 1 Glas Weißwein und etwas Wasser zugedeckt langsam bei kleiner Hitze fast gar kochen. Rosmarin und Knoblauch entfernen, Schalotten mit einem Schaumlöffel aus der Pfanne nehmen, die Flüssigkeit warm halten.

Abwechselnd Kartoffel, Artischocke und Zwiebel auf die Spieße stecken, auf ein Backblech legen und im Ofen bei 150–180 Grad etwa 10 Minuten fertig garen. Mit der »Zwiebelsauce« beträufeln und servieren.

Polenta con salsiccia e balsamico
Polenta mit Wurst und Balsamicosauce

Für 4 Personen

4 Salsicce
1/2 Glas Weißwein
1 Knoblauchzehe
1 Rosmarinzweig
einige Salbeiblätter
100 g Polenta (evtl. Instant-Produkt)
1/4 l Wasser
Olivenöl
Salz
einige Salatblätter zum Garnieren

Für die Balsamicosauce:

1 Glas Balsamico
1/2–1 EL Bouillon
1 Rosmarinzweig
evtl. 1 Knoblauchzehe

Die Salsicce mit einer Gabel einstechen. Mit zerdrückter Knoblauchzehe, Rosmarin und Salbei zugedeckt in einer Pfanne ohne Fett 20–25 Minuten bei kleiner Hitze braten. Ausgetretenes Fett abgießen, mit Wein ablöschen. Abtropfen lassen und in dünne Scheiben oder kleine Würfel schneiden.

Wasser mit Öl und Salz zum Kochen bringen, Polenta mit einem Holzlöffel einrühren und bei kleiner Hitze unter ständigem Rühren 20 Minuten kochen (Instant-Polenta nur 1 Minute!). Sollte die Polenta zu fest werden, 2–3 Eßlöffel Wasser einrühren.

4 kleine feuerfeste Formen mit Öl ausstreichen, etwas Polenta einfüllen, Wurstscheiben oder -würfel daraufstreuen, wieder Polenta darübergeben. Kalt stellen.

In einem Topf den Balsamico erwärmen, Rosmarin und nach Geschmack 1 zerdrückte Knoblauchzehe hinzugeben. Die Bouillon dazugießen. Die Flüssigkeit reduzieren.

Die Polentaformen kurz erwärmen. Die Polenta stürzen und kurz unter den Grill schieben.

Auf Tellern Salatblätter anrichten, Polenta in die Mitte setzen und die Balsamicosauce angießen.

Weinempfehlung:
Ein Rotwein, z. B. ein Refosco aus dem Friaul.

Carpaccio di patate
Kartoffelcarpaccio

Für 4 Personen

1 große Kartoffel
100 g Fontina-Käse
1 kleiner weißer Trüffel oder Trüffelöl
1 TL Butter
1/2 Tasse Fleischbrühe
Salz

4 Teller sehr heiß stellen.

Die Kartoffel waschen, schälen und in papierdünne Scheiben schneiden, kurz blanchieren und auf einem Küchentuch trocknen.

In einer beschichteten Pfanne die Brühe und einige dünne Trüffelscheiben oder 1 Teelöffel Trüffelöl kurz aufkochen, gut rühren, nicht zu stark reduzieren, mit der Butter cremig schlagen.

Den Fontina in sehr dünne Scheiben schneiden.

Die Kartoffelscheiben fächerförmig auf die heißen Teller legen, etwas salzen. Die Käse- und Trüffelscheiben darüberlegen oder mit Trüffelöl beträufeln. Die Creme aus der Pfanne darübergießen und bei großer Hitze 1–2 Minuten unter den Grill schieben.

Storione all' agresto
Störfilet sauer

Für 4 Personen

700–800 g Störfilet mit Haut
1/2 Glas Martini Dry
je 1/2 Bund Thymian, Estragon, Minze, Dill, Basilikum, Petersilie
2 Rosmarinzweige
einige Salbeiblätter
Olivenöl
Salz, Pfeffer
evtl. Salatbukett

Die Kräuter sehr fein hacken.

Öl, Salz, Pfeffer vermischen, über den Fisch gießen und 1 Stunde marinieren.

Den Fisch aus der Marinade nehmen, mit der Hautseite nach unten in eine feuerfeste Form legen, mit den Kräutern bedecken und im Ofen bei 150 Grad etwa 10 Minuten braten. Mit einem Löffel etwas Wasser über die Kräuter träufeln, den Martini *neben* den Fisch gießen und weitere 10–12 Minuten bei 130 Grad braten. Abkühlen lassen. Fisch herausnehmen, warm stellen.

1/2 Glas Öl, die Restflüssigkeit aus der Form und etwas von den »gebackenen« Kräutern gut zu einer glatten Mayonnaise mixen.

Die Fischfilets in schräge Scheiben schneiden und mit der Mayonnaise und Salat oder lauwarm nur mit Mayonnaise servieren.

Weinempfehlung:
Ein fruchtiger, trockener Weißwein, z. B. ein Sauvignon aus dem Friaul.

Sardine marinate
Marinierte Sardinen

Für 4 Personen

20 frische Sardinen
1/4 l Rotweinessig
4–5 Knoblauchzehen
1 Peperoncino
Olivenöl
Salz

Den Kopf der Sardinen abziehen, dabei gehen auch die Gräte und Innereien mit ab. Die Sardinen waschen und gut trocknen.

Den Knoblauch fein hacken, Peperoncino im Mörser zerkleinern oder auch fein hacken. (Danach Hände waschen!)

In eine große, flache Schüssel 1–2 Eßlöffel Öl gießen, verlaufen lassen. Jeweils die Hälfte vom Knoblauch und Peperoncino hineingeben, die Hälfte der Sardinen aufgeklappt (Innenseite nach oben) darauflegen, salzen. Gut mit Essig und Öl bedecken, aber nicht zuviel Essig verwenden, sonst zerfallen die Sardinen. Den restlichen Knoblauch und Peperoncino darauf verteilen. Die restlichen Sardinen darauflegen, salzen, Essig und Öl darübergießen. Die Schüssel zugedeckt 2 Tage in den Kühlschrank stellen.

Mit Salat servieren.

Scampi marinati all' arancia
Scampi in Orange mariniert

Für 4 Personen

12 Scampi à 150 g (sie müssen ganz frisch sein)
2 Orangen
1 Zitrone
50 g Feldsalat
Olivenöl
Salz, Pfeffer

Die Scampi putzen, schälen, abtropfen lassen. (Kopf und große Scheren evtl. zur Dekoration aufheben.) Die Scampi in eine flache Schüssel legen.

1 Orange auspressen, Saft durch ein Sieb über die Scampi gießen. Die Zitrone auspressen, ebenfalls durch ein Sieb in ein Gefäß gießen. Mit einem Löffel etwas Zitronensaft über die Scampi träufeln. Die Schüssel zugedeckt für 2 Stunden kühl stellen.

Die zweite Orange schälen, Spalten enthäuten und die Spalten längs halbieren. Den Saft auffangen und mit 1–2 Eßlöffeln Öl gut verrühren.

Den Feldsalat gut waschen, trocknen und auf die Teller legen.

Scampi aus der Marinade nehmen, trocknen. Abwechselnd Scampi und Orangenfilets zum Feldsalat legen, salzen, pfeffern und mit der Orangen-Öl-Vinaigrette beträufeln.

Sie können die Scampiköpfe und -scheren kurz blanchieren und als Dekoration verwenden. Mit etwas Öl bepinseln.

45

Carpaccio di polipo
Tintenfisch-Carpaccio

Für 6 Personen

2 kg frischer Tintenfisch
1 Zwiebel
1 Tomate
Basilikumblätter
Zitronensaft
Salz, Pfeffer, Olivenöl

Für die Brühe:

2 Stangen Staudensellerie
2 Karotten
2 Zwiebeln
1 Tomate
2 Lorbeerblätter
1/2 l Weißwein, 2 l Wasser

Für die Brühe das Gemüse grob würfeln, mit den anderen Zutaten in einen Topf geben und zum Kochen bringen. Darin die Tintenfische etwa 2 Stunden bei kleiner Hitze kochen.

Die Tintenfische etwas abkühlen lassen und lauwarm vorsichtig aus dem Topf nehmen. Den Mund mit den Fingern entfernen.

Die Tintenfische hintereinander auf ein Seihtuch legen und fest in das Tuch einwickeln. Das eine Ende des Tuchs mit einer Schnur fest umwickeln, diese 2–3mal locker um die Tintenfische wickeln und das andere Ende des Tuchs verschnüren. Diese »Rolle« in eine Form legen und die passierte Brühe dazugießen. Über Nacht in den Kühlschrank stellen.

Die Tintenfische auswickeln, in dünne Scheiben schneiden und auf Teller verteilen.

Zitronensaft, Salz, Pfeffer und Olivenöl vermischen und auf die Tintenfischscheiben geben. Die Zwiebel hauchdünn schneiden, unter Wasser abspülen, ausdrücken, mit Tomatenscheiben und Basilikum darauf verteilen. Kalt oder lauwarm (kurz unter den Grill schieben) servieren.

Gamberi al balsamico e fichi
Garnelen mit Feigen und Balsamico

Für 4 Personen

12 Garnelen
1 Glas Balsamico
3 Thymianzweige
1 nußgroßes Stück Butter
Olivenöl, Butter
Salz
3–4 rote Feigen

Den Panzer der Garnelen am Rücken mit der Schere oder einem scharfen Messer aufschneiden, Darm entfernen, Panzer vorsichtig ablösen, Kopf dranlassen. Waschen, trocknen. Die Garnelen leicht salzen und in Öl und Butter kurz braten, warm stellen.

Den Bratensatz mit Balsamico und 3 Eßlöffeln Wasser ablöschen, reduzieren, mit der kalten Butter aufschlagen. Durch ein Sieb gießen, etwas abkühlen lassen.

Die Feigen schälen, halbieren (größere Exemplare vierteln), abwechselnd mit den Garnelen auf den Tellern anrichten, etwas Balsamicosauce darübergießen.

47

Vitello tonnato trevisano
Mariniertes Kalbfleisch mit Radicchio-Sauce

Für 4 Personen

1 kg Kalbfleisch (Nuß, Schenkel, Hinterstück)
1 Dose Thunfisch in Öl
1 Radicchio trevisano (die lange, schmale Form)
1 Bund Suppengrün
Salz, Pfeffer

Für die Mayonnaise:

1 Ei
1/4 l Olivenöl
1 Messerspitze Senf
Salz, Pfeffer

Das Suppengrün grob hacken und in einem großen Topf mit gesalzenem Wasser zum Kochen bringen. Das Kalbfleisch dazugeben und bei kleiner Hitze etwa 25 Minuten leicht kochen oder im Ofen bei 200 Grad braten (das Fleisch sollte innen rosa bleiben).

In einem zweiten Topf Wasser zum Kochen bringen, den Radicchio hineingeben, kurz aufkochen und abgießen. Diesen Vorgang wiederholen, damit alle Bitterstoffe beseitigt werden. Den Radicchio gut abtropfen lassen, auf einem Küchentuch trocknen und kleinschneiden.

Das Ei mit etwas Thunfischöl, Senf, Salz, Pfeffer und dem Olivenöl mit einem Schneebesen cremig schlagen.

Den zerpflückten Thunfisch pürieren und zur Mayonnaise geben. Den feingeschnittenen Radicchio hinzufügen und alles zu einer glatten Creme pürieren. Bei Bedarf 1/2 Espressotasse heißes Wasser dazugeben. Die Mayonnaise soll weder zu dick-, noch zu dünnflüssig sein.

Das Kalbfleisch in dünne Scheiben schneiden, schuppenförmig in eine große, flache Schüssel legen, mit der Mayonnaise übergießen und ziehen lassen.

Tip:
Kalbfleischreste können beispielsweise für eine Nudelsauce verwendet werden.

Weinempfehlung:
Ein Weißwein, z. B. ein Ribolla Gialla aus dem Friaul.

Carpaccio di manzo con carciofi
Rindercarpaccio mit Artischocken

Für 4 Personen

300–400 g Rinderfilet
4 kleine bis mittelgroße Artischocken
1 Zitrone
Mehl
Öl zum Fritieren
Salz, Pfeffer
1/2 Bund glatte Petersilie
100–120 g Parmesan in dünne Scheiben geschnitten
extrastarke Plastikfolie, z. B. saubere Einkaufstüte

Das Rinderfilet in kleine Würfel schneiden (etwa so groß wie ein halber Zuckerwürfel). Portionsweise auf ein großes Brett legen, mit Plastikfolie bedecken (extrastarke Folie, normale Haushaltsfolie reißt!) und flach klopfen. (Das Fleisch wird bei dieser Methode dünn wie ein Blatt, und Sie sparen das Anfrieren.)

Fleischscheiben auf Teller legen, etwas salzen und pfeffern, mit Zitronensaft beträufeln, kühl stellen.

Die Artischocken gut putzen, alle harten Blätter und Heu entfernen und in Zitronenwasser legen (Blätter und Stiele für die Sauce aufheben). Artischocken gut abtropfen lassen, längs in dünne Scheiben schneiden, durch Mehl ziehen. (Mehl in eine Papiertüte, portionsweise die Artischockenscheiben hineingeben und schütteln. Das ist einfacher, als jede Scheibe durch Mehl zu ziehen.)

In einem hohen Topf Öl erhitzen (nicht zu viel, sonst schäumt das Öl beim Fritieren über).

Artischockenscheiben in zwei Portionen ganz knusprig fritieren, auf Küchenpapier abtropfen lassen. Auf das Carpaccio verteilen, wenig salzen und pfeffern. Die gehackte Petersilie und dünne Parmesanscheiben darüberstreuen.

Die restlichen Artischockenblätter, 1 zerdrückte Knoblauchzehe, 1 Glas Wein, Salz, Pfeffer in einen Topf geben, evtl. noch Wasser dazugeben (Blätter sollen gut bedeckt sein), 20–30 Minuten bei kleiner Hitze kochen. Stärkemehl – je nach Flüssigkeitsmenge – mit kaltem Wasser anrühren, zur Artischockenbrühe gießen, weitere 1–2 Minuten kochen. Alles pürieren, reduzieren.

Die Sauce kann eingefroren und für viele Gerichte verwendet werden.

Fagottini di bresaola
Bresaola-Päckchen

Für 4 Personen

32 dünne Scheiben Bresaola (gepökeltes, luftgetrocknetes Rindfleisch)
250–300 g Caprino (Ziegenfrischkäse)
1 kleines Bund Majoran
1 gute Handvoll Basilikumblätter
2 große, feste Tomaten
1 kleines Bund Schnittlauch
Olivenöl
Salz, Pfeffer

Die Majoranblätter abzupfen und mit dem Basilikum fein hacken. (Einige Basilikumblätter zum Garnieren zur Seite legen.) Die feingehackten Kräuter gut mit dem Käse mischen, mit Salz und Pfeffer abschmecken, in einen Spritzbeutel füllen.

Je 2 Rindfleischscheiben über Kreuz legen, in die Mitte Käsecreme geben, die Fleischscheiben zusammenfalten und mit Schnittlauch zubinden.

Tomaten häuten, gut ausdrücken und in kleine Würfel schneiden.

Pro Person 4 Rindfleisch-Päckchen auf einen Teller geben, mit Tomatenwürfeln und Basilikum garnieren und etwas Öl dazugießen.

Weinempfehlung:
Ein frischer Rotwein, z. B. Valpolicella, Grumello oder Grinolino.

Fegato di capretto marinato
Marinierte Zickleinleber

Für 4 Personen

1 Zicklein-Leber
1 Karotte
1 Zwiebel
1–2 Stangen Staudensellerie
1 Glas Rotweinessig
Balsamico
Salz, schwarzer Pfeffer

Für den Bohnensalat:

2 Päckchen Keniabohnen
1 Schalotte
Essig
Olivenöl
Salz, Pfeffer

Die Karotte, Zwiebel und den Staudensellerie grob würfeln, mit Rotweinessig in 1/2 Liter Wasser aufkochen und etwa 10 Minuten bei kleiner Hitze kochen. Die Zickleinleber in das kochende Wasser geben, Hitze sofort abschalten, nach 1–2 Minuten den Topf zur Seite stellen. Leber im Wasser erkalten lassen.

Die Bohnen waschen und in Salzwasser al dente kochen, gut abtropfen lassen.

Die Schalotte fein würfeln, mit Salz, Pfeffer, Essig und Öl eine Marinade rühren, über die Bohnen gießen. Bohnensalat auf Teller verteilen.

Die Leber abtropfen lassen, Sehnen entfernen, mit der Maschine oder einem sehr scharfen Messer in dünne Scheiben schneiden. Leberscheiben zum Bohnensalat legen, etwas schwarzen Pfeffer und einige Tropfen Balsamico darübergeben.

Anatra in porchetta con cavolo rosso
Ente aus dem Ofen mit Rotkohl

Für 4 Personen

1 Barberie-Ente, ausgelöst
100 g Bauchspeck
2–4 Rosmarinzweige
1/2 Bund Thymian
einige Salbeiblätter
1 Knoblauchzehe
Olivenöl
Salz, Pfeffer

Für den Rotkohl:

300 g Rotkohl
1/2 EL Zucker
2–3 EL Rotweinessig
1 nußgroßes Stück Butter
Salz, Pfeffer

Die Hälfte der Kräuter fein hacken. Einige Scheiben Bauchspeck in feine Streifen schneiden.

Die ausgelöste Ente flach auf den Rücken legen, Salz, Pfeffer, feingehackte Kräuter darauf verteilen, in die Fleisch-»Lücken« geschnittenen Bauchspeck geben. Keulen und Brust nach innen rollen. Die Hautseite leicht würzen, mit Bauchspeckscheiben bedecken und mit Küchengarn umwickeln. In einer Pfanne mit dem zerdrückten Knoblauch, den restlichen Kräutern und wenig Öl anbraten. Im Ofen bei 190 Grad gut 15 Minuten fertig braten, kalt werden lassen.

Den Rotkohl sehr fein hacken, mit Zucker, Essig und Butter nach Geschmack weich oder al dente dünsten, abschmecken.

Die Entenrolle vom Faden befreien, schräg in Scheiben schneiden und auf dem Rotkohl servieren.

Pere al formaggio
Birnen mit Käse gefüllt

Für 4 Personen

4 Birnen
300 g Caprino (quarkähnlicher Käse aus Ziegenmilch)
1 Bund Rucola
40 g Pinienkerne
1 Schalotte
1 Zitrone
Salz, Pfeffer
Salatbukett mit Himbeeressig-Vinaigrette

Den Rucola waschen, trocknen und in feine Streifen schneiden. Schalotte und Pinienkerne fein hacken. Den Caprino in eine gekühlte Schüssel füllen, mit einem Holzlöffel glatt rühren. Rucola, Schalotte, Pinienkerne, etwas Salz und Pfeffer und einige Tropfen Zitronensaft unterrühren.

Die Birnen waschen, halbieren, Kerngehäuse entfernen und mit Zitronensaft beträufeln. Die Käsefüllung mit einem Spatel in die Mitte geben, glattstreichen. Birnen auf einen Teller oder in eine flache Schüssel setzen, mit Folie abdecken, kühl stellen.

Die Birnenhälften vierteln und mit Salatbukett servieren.

Weinempfehlung:
Ein leichter Weißwein oder ein frischer Rotwein, z. B. Merlot oder Dolcetto oder ein frischer Cabernet Franc.

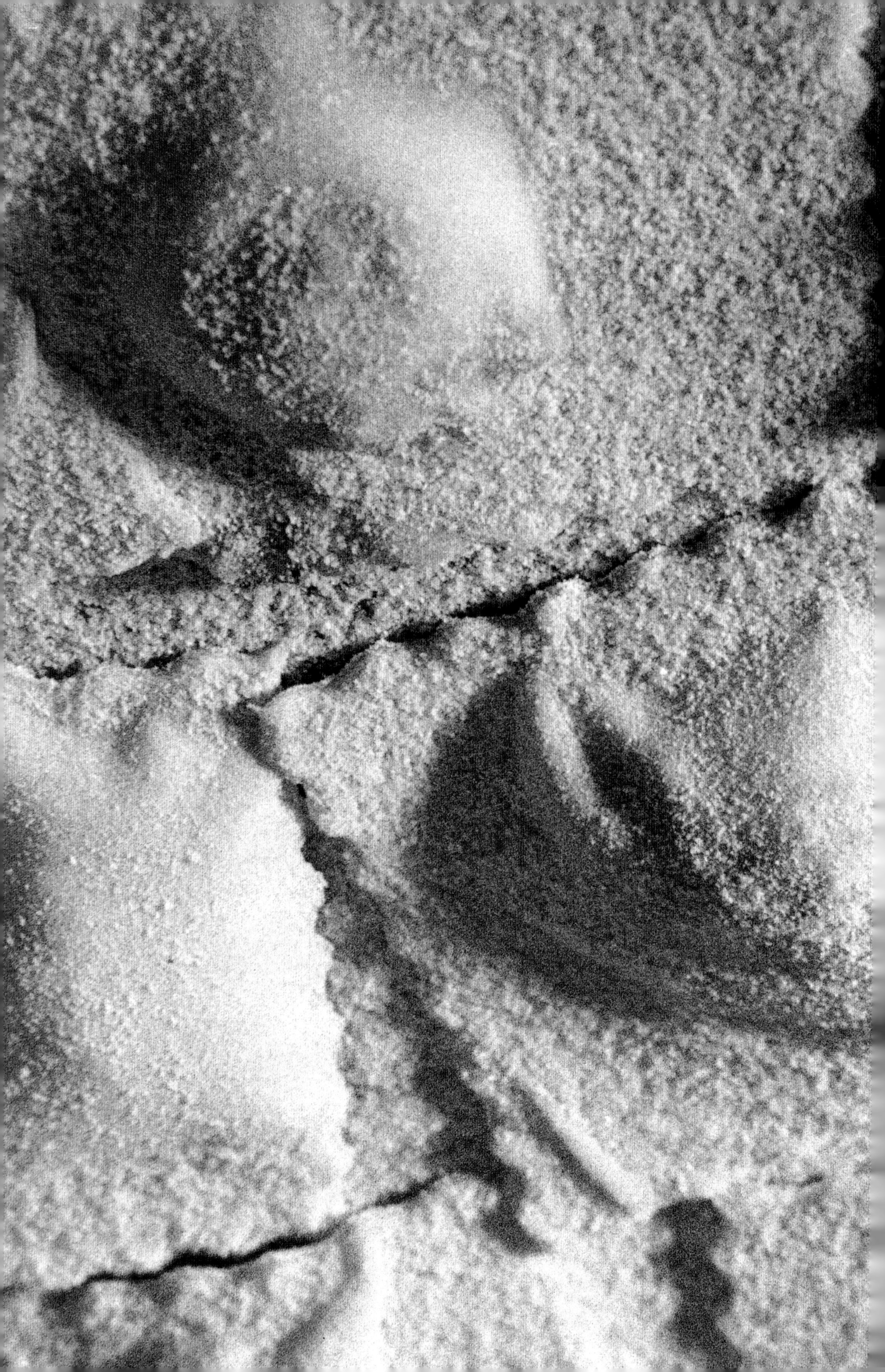

Primi

Zuppa di fagioli
Bohnensuppe

Für 4 Personen

**500 g »Borlotti«-Bohnenkerne, frisch oder getrocknet
1 Schinkenknochen oder Schinkenrest
2 Zwiebeln
3 Karotten
3 Stangen Staudensellerie
1 Lorbeerblatt
1 Knoblauchzehe
2–3 EL Olivenöl
evtl. 1/4 l Fleischbrühe
Salz, Pfeffer**

Die frischen Bohnen mit 1 Zwiebel, 1 Karotte, 1 Stange Sellerie, dem Lorbeerblatt, dem Schinkenknochen oder -rest gut mit Wasser bedeckt etwa 2 Stunden kochen. (Getrocknete Bohnen vorher über Nacht einweichen. Schlechte Bohnen steigen nach oben! Das Wasser 1–2mal wechseln.)

2 Karotten, 2 Stangen Sellerie und 1 Zwiebel kleinwürfeln, den Knoblauch zerdrücken. Alles in einem großen Topf in Öl kurz anbraten und unter Rühren fast gar dünsten. Den Knoblauch entfernen.

Die Hälfte der gekochten Bohnen passieren und mit den ganzen Bohnen zum gedünsteten Gemüse geben. Mit Fleischbrühe oder Bohnenwasser auffüllen und kurz kochen, bis das Gemüse gar ist.

Mit Croûtons servieren und nach Geschmack Olivenöl darübergießen.

Weinempfehlung:
Ein Rotwein, z. B. ein Merlot oder ein Chianti. Oder ein Weißwein, z. B. ein Tocai.

Crema di zucchini
Zucchinicreme-Suppe

Für 4 Personen

**5–6 mittelgroße Zucchini
2 Schalotten
1/2 Becher Sahne
1 nußgroßes Stück Butter
2 Knoblauchzehen
3/4 l Fleisch- oder Gemüsebouillon
Olivenöl
Salz, Pfeffer**

Die Zucchini längs halbieren, Fruchtfleisch kleinschneiden, grünen Fruchtteil in kleine Würfel schneiden, die Hälfte mit 1 zerdrückten Knoblauchzehe kurz in Öl braten, zur Seite stellen.

Die Schalotten fein hacken, mit 1 Knoblauchzehe andünsten. Weißes Zucchinifleisch und zwei Drittel der restlichen Zucchiniwürfel kurz mitdünsten, gut mit Bouillon bedecken, würzen und bei kleiner Hitze etwa 10 Minuten kochen. Mit dem Pürierstab cremig mixen.

Die Sahne in einem Topf kurz aufkochen und Zucchinicreme dazugießen. Vom Herd nehmen, Butter einrühren, nochmals mixen. Auf sehr heißen Tellern, mit den restlichen Zucchiniwürfeln bestreut, servieren.

Weinempfehlung:
Ein Weißwein, z. B. ein leichter Chardonnay.

Cannelloni al cartoccio
Cannelloni in der Folie

Für 4 Personen

300 g Nudelteig (siehe Seite 100)
250 g Ricotta
2 Eigelb
50 g geriebener Parmesan
1 gute Handvoll gemischte, feingehackte Kräuter (z. B. Rosmarin, Thymian, Oregano)
Tomatensauce (siehe Seite 101)
Olivenöl
Salz, Pfeffer
Zahnstocher
Pergamentpapier

Den Nudelteig sehr dünn (Stärke z. B. wie ein feines Tischtuch) ausrollen und Platten von 10 x 20 Zentimeter schneiden. Portionsweise kurz in Salzwasser mit etwas Öl kochen. Herausnehmen und kurz in eine Schüssel mit kaltem Wasser tauchen, gut trocknen.

Ricotta, Eigelb, Parmesan, feingehackte Kräuter, Salz und Pfeffer gut vermischen und in einen Spritzbeutel füllen.

Auf die Arbeitsfläche oder ein Brett etwas Öl streichen, 1 Nudelblatt darauflegen. Einen etwa daumenbreiten Rand lassen, 1 Streifen Ricottafüllung auftragen, Teig darüberrollen, zweiten Streifen Füllung auftragen, mit Teig einrollen und den Rand gut andrücken. Die Rollen kurz in den Kühlschrank stellen.

Pergamentpapier in Stücke von 30 x 30 Zentimeter schneiden, 1–2 Eßlöffel Tomatensauce daraufgeben. Die Cannelloni in Scheiben schneiden. Jeweils 4–5 Scheiben zur Tomatensauce geben, Pergamentpapier mit Zahnstochern verschließen und etwa 5 Minuten bei 210–220 Grad im Ofen erhitzen. Cannelloni im aufgefalteten Papier servieren.

Weinempfehlung:
Ein leichter Rotwein, z. B. ein Dolcetto.

Spaghetti alla buzara
Spaghetti mit Scampi

Für 4 Personen

500 g Spaghetti
16 frische Scampi
5 Pelati
1/2 Glas Weißwein
1 1/2 cl Brandy
2 EL Rotweinessig
3 EL Fischbrühe oder Wasser
1 Lorbeerblatt
1 Knoblauchzehe
Paprikapulver (mild oder scharf, je nach Geschmack)
Olivenöl
Salz, Pfeffer

Die Nudeln in Salzwasser kochen.

Die Scampi putzen (vom Kopf bis zum Schwanz mit sehr scharfem Messer oder Küchenschere Panzer vorsichtig aufschneiden, schwarzen Darm entfernen). Scampi mit der Bauchseite nach oben auf eine große, tiefe Platte legen, mit Paprika bestäuben. Weißwein und Essig mischen, darübergießen und Lorbeerblatt dazugeben.

Die Pelati gut abtropfen lassen, Stielansatz ausschneiden, leicht ausdrücken und in kleine Würfel schneiden.

In einer großen Pfanne das Öl sehr heiß werden lassen, Knoblauchzehe mitbraten – sie darf ausnahmsweise fast schwarz werden. Knoblauch entfernen. Die Scampi mit Flüssigkeit in die Pfanne geben (Bauchseite nach oben), sofort zudecken (vorsicht, spritzt sehr). Pfanne leicht rütteln. Brandy darübergießen, flambieren.

Wenn die Flüssigkeit fast verkocht ist, Deckel kurz anheben und die Fischbrühe oder Wasser dazugießen. Scampi aus der Pfanne nehmen, Lorbeerblatt entfernen, warm stellen.

Die Tomatenwürfel kurz in der Pfanne dünsten und zu den Scampi geben. Auf den gut abgetropften Spaghetti verteilen und sofort servieren.

Weinempfehlung:
Ein kräftiger Weißwein, z. B. ein Malvasia aus dem Collio oder ein Sauvignon aus dem Collio.

Tagliatelle »Sauris«
Bandnudeln mit Ricotta sauris

Für 4 Personen

Für den Nudelteig:

250 g Semola di grano (Hartweizengrieß)
350 g Mehl »405«
8 Eigelb
2 Eier

1 kg Kirschtomaten
1 Knoblauchzehe
1 Schalotte
1/2 Bund Rucola
evtl. 1 Messerspitze Oregano und Basilikum
Tomatensaft
1 nußgroßes Stück Butter
Olivenöl
Salz, Pfeffer
100–150 g Ricotta sauris (fester Ricotta zum Reiben)

Für den Nudelteig Mehl, Grieß, Eigelb und Eier gut vermischen und zu einem glatten Teig kneten. Dünn ausrollen, in Streifen schneiden und aufgehängt trocknen lassen (eine Nudelmaschine ist sehr hilfreich). Die Bandnudeln in Salzwasser kochen.

Die Kirschtomaten halbieren, den Stielansatz entfernen und die Tomaten ausdrücken (die Flüssigkeit aufheben). Die Knoblauchzehe leicht andrücken, Schalotte fein würfeln, Rucola fein schneiden. Knoblauch und Schalotte in Öl kurz andünsten, Tomaten dazugeben und bei kleiner Hitze 20–25 Minuten kochen (nach Geschmack Oregano und Basilikum dazugeben). Die Sauce pürieren, eventuell reduzieren oder mit Tomatensaft verdünnen. Etwas Öl und 1 Eßlöffel Nudelwasser gut unter die Sauce mischen. Den Topf vom Herd nehmen und erst die Butter, dann den Rucola untermischen.

Ricotta sauris über die Nudeln reiben und mit der Tomatensauce servieren.

Ravioli con patate e ricotta
Ravioli mit Kartoffeln und Ricotta

Für 4 Personen

500 g Mehl »00«
5 Eier
etwas Olivenöl
150 g Butter
1 Handvoll Salbeiblätter

Für die Füllung:

2 große mehlige Kartoffeln
500 g Ricotta
1 Ei
1 Eigelb
2–4 EL geriebener Parmesan
1 Rosmarinzweig
geriebene Muskatnuß
Salz, Pfeffer

Das Mehl und die Eier mit etwas Öl zu einem geschmeidigen Teig verarbeiten.

Die Kartoffeln schälen, in sehr kleine Würfel schneiden und in Öl in einer Pfanne gar braten. Das Fett abgießen und die Kartoffeln erkalten lassen.

Die Rosmarinnadeln sehr fein hacken, mit Ricotta, Ei und Eigelb, Parmesan, Muskat, Salz, Pfeffer unter die Kartoffelwürfel mischen.

Den Teig halbieren und beide Hälften möglichst dünn ausrollen. Auf die eine Hälfte alle 4 Zentimeter mit einem Teelöffel haselnußgroße Portionen der Füllung setzen. Die zweite Teighälfte mit Wasser bestreichen und locker darüberlegen. Mit einer Form ausstechen oder mit dem Teigrad trennen, mit den Fingern den Rand um die Füllung andrücken, kurz antrocknen lassen. In einem großen Topf mit kochendem Salzwasser 4–5 Minuten ziehen lassen, mit einem Schaumlöffel herausnehmen, abtropfen lassen und mit brauner Butter und Salbei servieren.

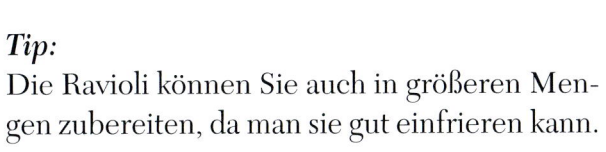

Tip:
Die Ravioli können Sie auch in größeren Mengen zubereiten, da man sie gut einfrieren kann.

Weinempfehlung:
Ein leichter Rotwein, z. B. ein Merlot oder ein junger Refosco aus dem Friaul.

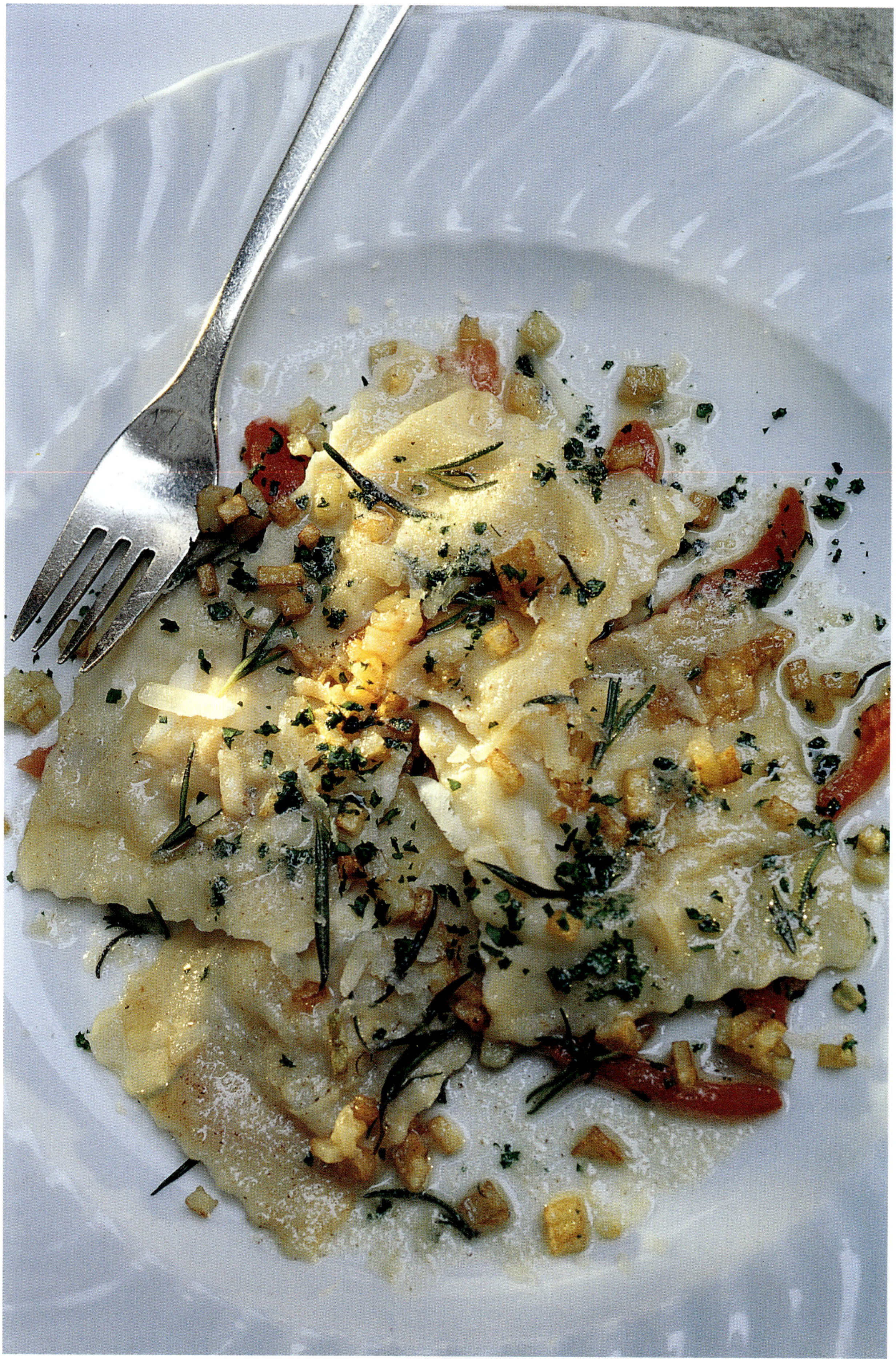

Fagottini con quaglie e porcini
Nudel-Beutel mit Wachteln und Steinpilzen

Für 4 Personen

4 Wachteln
200 g Steinpilze, frisch, getrocknet oder gefroren
200 g Nudelteig (siehe Seite 100)
1 Rosmarinzweig
einige Salbeiblätter
2 Knoblauchzehen
1/2 Bund glatte Petersilie
1/2 Glas Weißwein
1 Stange Lauch
2–3 EL Béchamelsauce (siehe Seite 64)
Salz, Pfeffer

Die Wachteln säubern und trocknen. Die Wachtelbrüste vorsichtig auslösen, sie werden extra gebraten.

Die Wachteln mit Rosmarin, Salbei und 1 zerdrückten Knoblauchzehe anbraten. Mit Weißwein ablöschen und im Ofen bei 190 Grad für 10 Minuten garen. Die Wachteln etwas abkühlen lassen und auslösen. Den Bratensaft aufheben. Die entbeinten Keulen in dünne Scheiben schneiden und zur Seite stellen. Wachtelreste und -knochen mit dem Bratensaft in einen Topf geben, mit Wasser bedecken, bei kleiner Hitze kochen und die Flüssigkeit reduzieren.

Den Lauch putzen, waschen, längs in feine Streifen schneiden, blanchieren und gut abtropfen lassen. Die Steinpilze putzen und in kleine Würfel schneiden (gefrorene Pilze auftauen, getrocknete einweichen), in Öl mit 1 zerdrückten Knoblauchzehe braten, mit Salz, Pfeffer, Salbei und Rosmarin würzen. 1–2 Eßlöffel Pilze zur Seite stellen. Die Petersilie fein hacken, mit den restlichen Pilzen mischen.

Den Nudelteig dünn ausrollen (Maschine Nr. 2), in 4 Quadrate von 18 Zentimetern schneiden und mit etwas Olivenöl 1 Minute in kochendes Salzwasser geben, trockentupfen. In die Mitte der Nudelblätter Pilze und Wachtelfleisch füllen, eventuell noch etwas würzen. Zu einem »Beutel« formen, mit Lauchstreifen zubinden. Zugedeckt im Dampf gut 5 Minuten garen.

2 Eßlöffel Béchamelsauce und 2 Eßlöffel Wachtelbouillon gut miteinander verrühren, erhitzen.

Die Wachtelbrüste in der Pfanne rosa braten.

Auf vorgewärmte Teller jeweils 1 Nudel-Beutel setzen, jeweils 1 Wachtelbrust dazulegen, mit Pilzwürfeln garnieren und mit etwas Sauce übergießen.

Weinempfehlung:
Ein körperreicher Chardonnay.

Gnocchi alla romana
Grießklößchen auf römische Art

Für 4 Personen

140 g Grieß
1/2 l Milch
1–2 Eigelb
1–2 EL geriebener Parmesan
1 nußgroßes Stück Butter
10 g Butter
geriebene Muskatnuß
Olivenöl
Salz
1 leere Weinflasche (sauber, ohne Etikett)

Die Milch mit Salz, Muskat und dem nußgroßen Stück Butter bei kleiner Hitze zum Kochen bringen. Den Grieß einstreuen, 10 Minuten kochen und mit einem Holzlöffel gut verrühren. Etwas abkühlen lassen. Eigelb, restliche Butter und den Parmesan sorgfältig unterrühren.

Auf einem großen Arbeitsbrett den Brei mit der eingeölten Flasche 2–3 Zentimeter hoch ausrollen, mit einem Glas (Durchmesser 6 Zentimeter) Plätzchen ausstechen. Ein Backblech einfetten, die Gnocchi darauflegen, eventuell mit Parmesan bestreuen. Im Ofen bei 200 Grad gut 8 Minuten goldbraun backen.

Mit brauner Butter und Salbei oder Tomatensauce servieren (siehe Seite 101).

Variationen:
Radicchio trevisano sehr fein schneiden, pürieren und in den Brei rühren.

Artischockenböden fein würfeln und dem Brei hinzufügen.

Weinempfehlung:
Ein leichter Weißwein, z. B. ein Arneis aus dem Piemont oder ein Trebiano.

Gnocchi di patate con sugo di pomodoro e basilico
Kartoffelgnocchi mit Tomatensauce und Basilikum

Für 4 Personen

500 g Kartoffeln (»Primura«)
200–250 g Mehl
Tomatensauce (siehe Seite 101)
1/2 Bund Basilikum
geriebene Muskatnuß
Olivenöl
Salz, Pfeffer

Die Kartoffeln in der Schale kochen, etwas abkühlen lassen. Schälen, durch eine Kartoffelpresse drücken und das Mehl unterrühren (der Teig darf nicht kleben), mit Muskatnuß, Salz und Pfeffer abschmecken.

In einem großen Topf Wasser und 1–2 Teelöffel Salz zum Kochen bringen. Den Kartoffelteig zu 2 Zentimeter langen, fingerdicken Rollen formen, auf eine Gabel drücken oder über eine Reibe rollen. (Am besten ein »Probestück« kochen; sollte es kleben, noch etwas Mehl unter den Teig rühren.) Die Gnocchi portionsweise kochen – sie sind gar, wenn sie hochsteigen – und kurz abschrecken. Gut abtropfen lassen.

Die Tomatensauce erhitzen, Basilikum zerrupfen (einige Blätter zur Dekoration behalten) und in die Sauce geben.

Gnocchi kurz in heißem Öl schwenken und mit Tomatensauce servieren.

Gnocchi di ricotta gratinati
Gratinierte Ricotta-Klößchen

Für 4 Personen

500 g Ricotta di buffala (Büffel-Ricotta)
60 g geriebener Parmesan
1 Ei
2 Eigelb
Majoran, Thymian, Minze, Salbei, Rosmarin
Salz, Pfeffer
Butter

In einer tiefen Schüssel Ricotta, Parmesan, Ei und Eigelb mischen. Die Kräuter sehr fein hacken und gut unter die Ricottamasse rühren.

Eine feuerfeste Form einfetten. Mit zwei angefeuchteten Eßlöffeln den Teig ausstechen, zu Klößchen formen und in die Form setzen. Im Ofen bei 220–230 Grad etwa 8 Minuten goldbraun backen. Vorsichtig mit einem Spatel auf die Teller geben, mit brauner Butter servieren.

Variationen:
Statt mit brauner Butter kann man die Gnocchi auch mit Tomaten- oder Pilzsauce servieren.

Weinempfehlung:
Ein leichter Weißwein, z. B. ein Pinot Grigio aus dem Friaul.

Gnocchi con prugne
Kartoffelklößchen mit Zwetschen

Für 4 Personen

1 kg mehlige Kartoffeln
250 g Mehl
Salz
geriebene Muskatnuß
500 g Zwetschen
150–200 g Butter
5 EL Paniermehl
Zucker
1 TL Zimt

Die Kartoffeln kochen, schälen und noch heiß durch eine Kartoffelpresse drücken und mit Salz, geriebener Muskatnuß und Mehl zu einem Teig verarbeiten – er darf nicht kleben. Eventuell noch etwas Mehl dazugeben.

Die Zwetschen waschen, halbieren und entsteinen.

Den Kartoffelteig dick auf ein Arbeitsbrett streichen und mit einem Glas (Durchmesser etwa 7 Zentimeter) Plätzchen ausstechen. In die Mitte eine Vertiefung drücken, jeweils 1 Zwetschenhälfte hineingeben und zu Klößchen formen.

Die Klößchen portionsweise in siedendes Wasser geben. Wenn sie aufsteigen, sind sie gar. Warm stellen.

In einer großen Pfanne Butter bräunen, Paniermehl, Zucker und Zimt dazugeben. Die Gnocchi kurz darin wenden und heiß servieren.

Crespelle con porcini
Crêpe mit Steinpilzen

Für 4 Personen

300 g Steinpilze, frisch, gefroren oder getrocknet
1 Rosmarinzweig
einige Salbeiblätter
1 Knoblauchzehe
Butter, Olivenöl
1 Glas Sahne
Salz, Pfeffer

Für die Crêpes:

2 Eier
3 Eigelb
100–120 g Mehl
2 Gläser Milch
1/2 Glas Sahne

Für die Béchamelsauce:

1 l Milch
110 g Mehl
90 g Butter
1 Glas Sahne
geriebene Muskatnuß
Salz, Pfeffer
eventuell 1–2 EL feingehackte Petersilie

Für die Sauce Milch mit Muskatnuß kochen. Mehl in die weiche Butter sieben, 1–2 Minuten lang unterrühren. Dann die heiße Milch dazugießen, dabei mit einem Holzlöffel am Rand entlang rühren, dann alles gut mit dem Schneebesen verrühren. Würzen und nach Geschmack Petersilie untermischen, kalt werden lassen. (Diese Béchamelsauce wird relativ fest und läßt sich gut vorbereiten.)

Die Pilze putzen, auftauen oder einweichen, in kleine Würfel schneiden. Mit dem zerdrückten Knoblauch und den feingehackten Kräutern in Öl braten, abtropfen lassen.

Für die Crêpes Eier, Eigelb, Mehl, Milch, Sahne und Salz zu einem glatten, dünnflüssigen Teig verrühren, kurz ruhenlassen. In einer beschichteten Pfanne mit wenig Butter dünne Crêpes braten.

Die Crêpes auf eine Arbeitsplatte legen, halbieren. In das obere Drittel einen kleinen Suppenlöffel kalte Béchamelsauce geben, etwas von der Pilzmischung leicht hineindrücken. Crêpes zusammenfalten, andrücken, den Rand mit einem Teigrad formen.

In eine große feuerfeste Form etwas Butter streichen, Crêpes hineinlegen, 1 Glas Sahne angießen und im Ofen bei 180–190 Grad 8–9 Minuten backen.

1 Glas Sahne in einem Topf aufkochen, etwas reduzieren, mit der restlichen Sahne aus der Form und der restlichen Béchamelsauce mischen und zu den Crêpes gießen. (Evtl. nochmal kurz unter den Grill schieben.)

Weinempfehlung:
Ein Weißwein, z. B. ein Sauvignon aus dem Friaul.

65

Melanzane parmigiana
Auberginenauflauf

Für 4 Personen

3 mittelgroße Auberginen
1/2 l Tomatensauce (siehe Seite 101)
150 g Parmesan
150 g Pecorino
2 Mozzarelle
Mehl
Öl zum Fritieren
1 Bund Basilikum
Salz, Pfeffer

Die Auberginen waschen, längs so schälen, daß in regelmäßigen Abständen 1 Streifen Haut stehenbleibt. Quer in 1/2 Zentimeter dicke Scheiben schneiden. Auf einen großen Teller (oder Abtropfbrett) legen, kräftig salzen, mit einem Brett beschweren und 30 Minuten ruhenlassen (die Bitterstoffe werden so ausgeschwemmt). Anschließend gut waschen und auf einem Küchentuch trocknen. Die Auberginenscheiben durch Mehl ziehen und fritieren. Auf Küchenpapier abtropfen lassen.

In eine feuerfeste Form einige Löffel Tomatensauce geben, 1 Lage Auberginenscheiben hineinlegen, kleine Flocken vom Parmesan abschneiden und darüberstreuen, einige Basilikumblätter hinzufügen und dünne Scheiben Mozzarella darauflegen. Wieder Tomatensauce darüberlöffeln, Auberginenscheiben, Basilikum, Pecorinoflocken und Mozzarellascheiben. Abwechselnd alle Zutaten aufbrauchen. Bei 220 Grad im Ofen 15 Minuten überbacken.

Variation:
2 Eier, 2–3 Eßlöffel geriebener Parmesan, 1/2 Bund feingehackte Petersilie und 2–3 Eßlöffel Tomatensauce gut verrühren, über die Gemüseschichten gießen und wie oben überbacken.

Risotto alla marinara
Risotto mit Meeresfrüchten

Für 4 Personen

250–300 g Reis (»Arborio« oder – besser, weil er nicht gerührt werden muß – »Vialone Nano«)
300 g Miesmuscheln
200 g Venusmuscheln (evtl. tiefgefroren)
4–5 ganze Calamari (mittlere Größe)
4 Jacobsmuscheln oder Canestrelli (Kammuscheln), ausgelöst
150 g Garnelen, geputzt, ohne Kopf und Schale
3 Knoblauchzehen
2 Gläser Weißwein
3 Gläser Tomatensaft
50 g Butter
Olivenöl
Salz, Pfeffer
1/2 Bund glatte Petersilie, feingehackt

Die Miesmuscheln gut waschen und die »Bärte« abzupfen oder -schneiden. Die Venusmuscheln – falls gefroren – in eine Schüssel mit lauwarmem Wasser und etwas Öl legen, sonst wie Miesmuscheln zubereiten.

In einem großen Topf etwas Öl erhitzen, 1 zerdrückte Knoblauchzehe dazugeben, Miesmuscheln hineingeben, zudecken. Den Topf schütteln, 1 Glas Wein hinzufügen, wieder zudecken und die Hitze reduzieren. Wenn sich die Muscheln geöffnet haben, mit einem Schaumlöffel herausnehmen, etwas abkühlen lassen (geschlossene Muscheln wegwerfen!), Muscheln auslösen (evtl. noch vorhandene »Bärte« entfernen), einige Muscheln ganz lassen, die anderen fein hacken. Den Sud durch ein Tuch in einen Topf gießen.

Die Calamari putzen (»Plastik-Gräte«, Augen und harten »Knopf« entfernen), waschen und in Würfel schneiden. In einem Topf Öl erhitzen, 1 zerdrückte Knoblauchzehe zugeben, Calamariwürfel bei großer Hitze einrühren, mit 1/2 Glas Wein ablöschen. Wenn der Wein verdampft ist, Tomatensaft und 2 Gläser Wasser zugeben. Bei kleiner Hitze etwa 20 Minuten kochen. Die Calamari mit dem Schaumlöffel in eine Schüssel geben, Restflüssigkeit zum Muschelsud gießen.

In einem großen Topf Öl erhitzen, Knoblauch zugeben, andünsten, entfernen. Unter Rühren die gehackten Miesmuscheln hineingeben (sie dürfen ruhig etwas ankleben), Reis und 1/2 Glas Wein dazugeben. Den Wein verdampfen lassen. Muschel-Calamari-Sud aufkochen, zum Reis gießen, mit Wasser auffüllen. Der Reis muß gut bedeckt sein. 15–18 Minuten (unter Rühren) bei kleiner bis mittlerer Hitze kochen; der Reis muß immer am Topfboden bleiben. Nach 18 Minuten die ganzen Miesmuscheln, Venusmuscheln, Calamari, Garnelen und kleingeschnittene Jacobsmuscheln dazugeben. Weitere 4–5 Minuten kochen, salzen, pfeffern. Vom Herd nehmen, die kalte Butter und 2–3 Eßlöffel Öl gut unterrühren, dabei den Topf rütteln. Mit gehackter Petersilie servieren.

Weinempfehlung:
Ein junger, kräftiger Weißwein, z. B. ein Tocai aus dem Friaul oder ein Pinot Bianco aus dem Friaul oder ein Gavi.

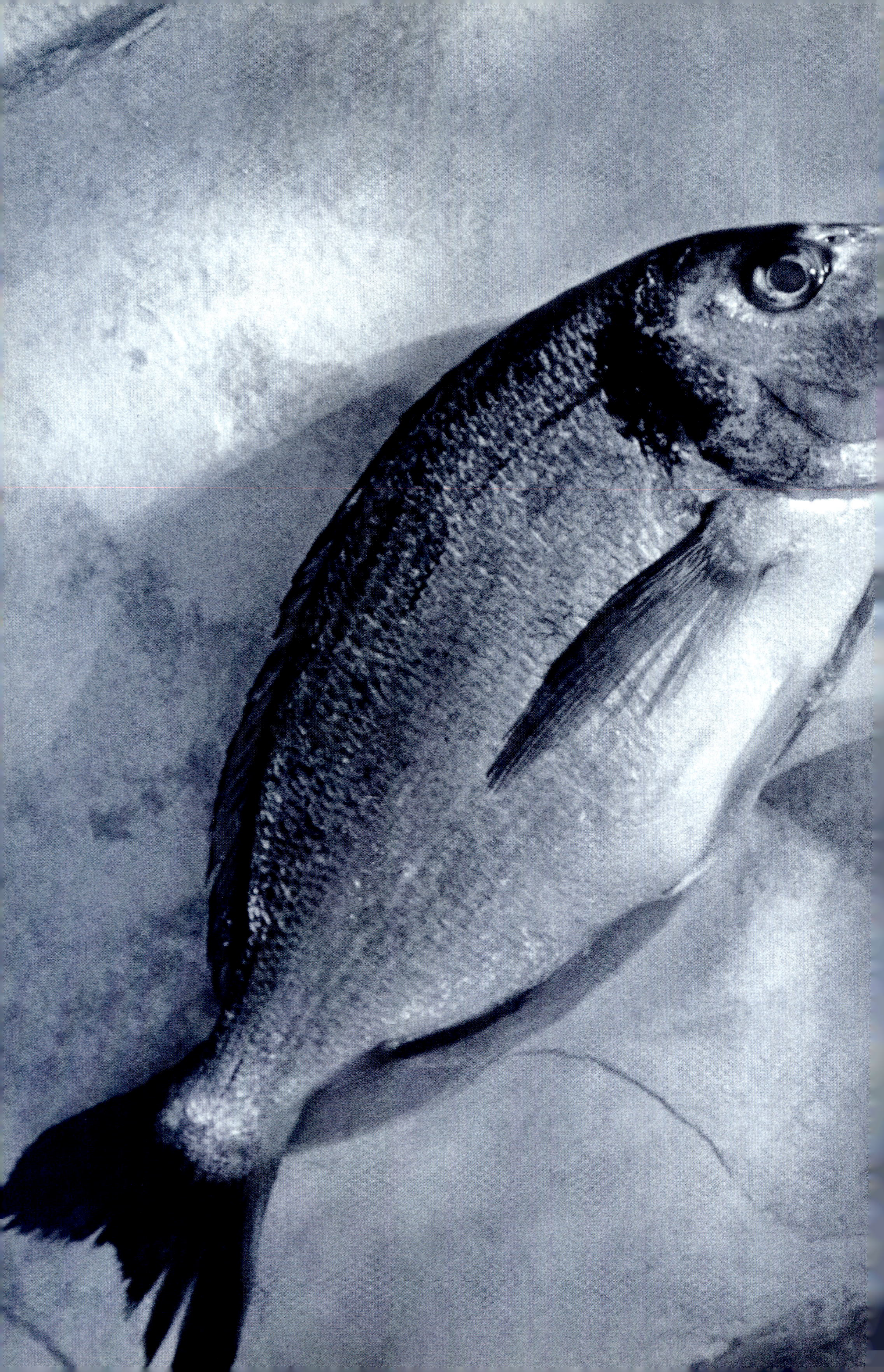

Pesce

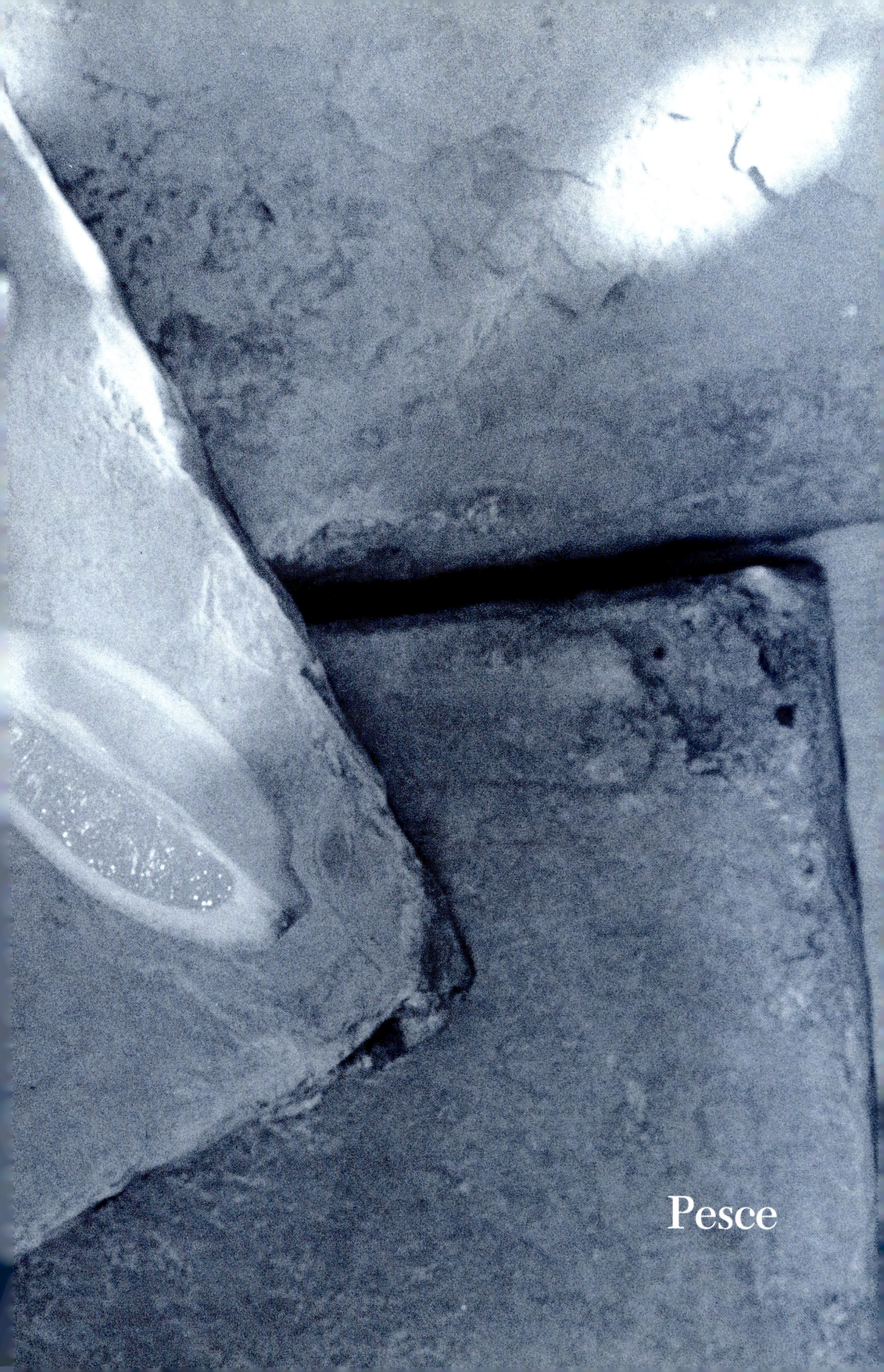

Calamari ripieni
Gefüllte Tintenfische

Für 4 Personen

1 kg größere Calamari
3–4 rote Zwiebeln
1–2 Knoblauchzehen
100–150 g Ricotta
1 Eigelb
2 Gläser Weißwein
1 Tasse Fischfond oder Bouillon
Olivenöl
Salz, Pfeffer
Zahnstocher

Die Calamari putzen, waschen, abtropfen lassen. Kopf und Flügel abtrennen und einige Calamari kleinschneiden (vom Kopf Augen und harten »Knopf« entfernen).

Die Zwiebeln mit der Schale bei 190 Grad etwa 1 Stunde im Ofen garen.

Den Knoblauch zerdrücken und mit den Calamaristücken in etwas Öl kurz anbraten, mit 1/2 Glas Wein ablöschen und die gesamte Flüssigkeit verkochen lassen. Die Calamaristücke sollen fast rosa bleiben.

Die Zwiebeln grob würfeln (1 Zwiebel beiseite legen) und in einer tiefen Schüssel mit Ricotta, Eigelb und den gedünsteten Calamaristücken pürieren oder in den Mixer geben, würzen. Die Mischung in die Calamari füllen und mit den Zahnstochern verschließen. Calamari in eine feuerfeste Form legen, 1 1/2 Gläser Wein angießen und im Ofen bei 180–190 Grad maximal 15 Minuten garen. Die Calamari herausnehmen, schräg anschneiden und warm stellen.

Die restliche Flüssigkeit und den Fischfond aufkochen, reduzieren und über die Calamari gießen. Mit der restlichen Zwiebel garnieren.

Weinempfehlung:
Ein Weißwein, z. B. ein Lugana oder ein Bianco aus der Lombardei.

Gamberi in umido
Gedünstete Garnelen

Für 4 Personen

1 kg Garnelen
1 kleine Dose Pelati
1 Karotte
1 Stange Staudensellerie
1 Zwiebel
2 Knoblauchzehen
1–2 Tomaten
Paprikapulver
1 Glas Weißwein
Olivenöl
Salz, Pfeffer
Polenta (frisch zubereitet oder erkaltet in Scheiben geschnitten und gegrillt)

Karotte, Sellerie, Zwiebel und 1 Knoblauchzehe hacken und in etwas Öl andünsten.

Die Garnelen schälen, Schalen mit Paprikapulver bestäuben und in etwas Öl andünsten. Mit Wein ablöschen, zerdrückte Pelati dazugeben, mit Wasser auffüllen (Schalen sollen gut bedeckt sein) und bei kleiner Hitze 1/2–1 Stunde kochen. Die Flüssigkeit durch ein Sieb gießen (mit einem Stampfer leicht nachdrücken) und reduzieren.

Die Tomaten häuten, ausdrücken und in kleine Würfel schneiden.

Die Garnelen mit Knoblauch kurz in Öl braten, Tomatenwürfel hinzugeben und 1–2 Schöpfkellen Garnelensud dazugießen. Garnelen mit einem Schaumlöffel herausnehmen, warm stellen, die Sauce reduzieren und die Garnelen wieder hineinlegen.

Mit frischer oder gegrillter Polenta servieren. Auch frisches Brot schmeckt gut dazu.

Weinempfehlung:
Ein kräftiger Weißwein, z. B. ein Malvasia aus dem Collio, ein Ribolla Gialla aus dem Collio oder ein Pinot Bianco aus dem Friaul.

Coda di rospo alla saltimbocca
Seeteufel mit Parmaschinken

Für 4 Personen

800 g Seeteufelfilet
4 Scheiben Parmaschinken
8 Salbeiblätter
1 Glas Weißwein
1 TL Butter, Olivenöl

Die Seeteufelfilets mit Salbeiblättern und Schinken umwickeln und in eine eingeölte Alufolie wickeln (gut verschließen). In eine feuerfeste Form legen und im vorgeheizten Ofen bei 180–190 Grad 10–12 Minuten garen. Die Folie vorsichtig öffnen, die Flüssigkeit in eine Pfanne geben. Den Fisch warm halten. In den Fischsud den Wein gießen, aufkochen und mit der kalten Butter cremig rühren.

Die Seeteufelfilets in Portionsstücke schneiden, mit der Sauce übergießen.

Weinempfehlung:
Ein kräftiger Weißwein, z. B. ein Chardonnay. Oder ein leichter, junger Chianti.

Coda di rospo con caperi
Seeteufel mit Kapern

Für 4 Personen

1 kg Seeteufel
2 EL Kapern
3 Zitronen
1 Glas Weißwein
1 Glas Fischbouillon
2 EL feingehackte Petersilie
1 nußgroßes Stück Butter
Olivenöl
Salz, Pfeffer

Den Seeteufel putzen, filetieren und in Medaillons schneiden. In einer beschichteten Pfanne etwas Öl erhitzen, die Medaillons in 2 Portionen von beiden Seiten braten, dann erst würzen. Auf einem Teller warm stellen.

Den Fischfond mit Wein und dem Saft von 2 Zitronen ablöschen, die Fischbouillon dazugeben. Die Flüssigkeit durch ein Sieb in eine zweite Pfanne gießen, abgetropftes »Fischwasser« vom Teller dazugießen, reduzieren. 1 Zitrone schälen (auch die weiße Schale entfernen), in Scheiben schneiden. Zitronenscheiben, Kapern, Petersilie in der Sauce erhitzen, mit Butter cremig aufschlagen.

Die Seeteufelmedaillons auf vorgewärmte Teller verteilen und mit der Kapernsauce servieren.

Weinempfehlung:
Ein Weißwein, z. B. ein Pinot Bianco, ein Chardonnay oder ein Tocai aus dem Friaul.

Coda di rospo in mantello di patate con lenticche
Seeteufel im Kartoffelmantel mit Linsengemüse

Für 4 Personen

1 kg Seeteufel
2 große festkochende Kartoffeln
1 Eiklar
einige Salbeiblätter
Olivenöl
Salz, Pfeffer

Für das Linsengemüse:

200 g kleine grüne Linsen (»Le Puy«)
1 Karotte
1 Stück Sellerie
1 Zwiebel
1 Knoblauchzehe
Saft von 1 kleinen Dose Pelati
Olivenöl
Salz, Pfeffer

Linsen in handwarmes Wasser geben (schlechte steigen hoch und können aussortiert werden) und gut waschen.

Feingehackte Karotte, Sellerie, Zwiebel und Linsen mit kaltem Wasser bedeckt aufkochen. Bei kleiner Hitze etwa 25 Minuten garen. Erst zum Schluß salzen. In einem zweiten Topf zerdrückten Knoblauch in Öl andünsten. Die abgegossenen Linsen dazugeben, mit Tomatensaft bedecken, würzen. Leicht kochen, bis eine gute Bindung entsteht (eventuell noch Tomatensaft nachgießen).

Den Seeteufel filetieren und die Haut wegschneiden. In etwa 6 Zentimeter große Stücke teilen, trocknen und flach drücken.

Kartoffeln waschen, schälen, trocknen und in hauchdünne Scheiben schneiden. Fächerförmig auf die Fischmedaillons legen, mit Eiklar bepinseln. In einer beschichteten Pfanne Öl erhitzen, den Fisch auf der Kartoffelseite anbraten, wenden, kurz weiterbraten. In eine feuerfeste Form legen und im Ofen bei 180 Grad 5–7 Minuten fertig braten. Erst kurz vor dem Servieren würzen.

Die Seeteufelmedaillons mit dem lauwarmen Linsengemüse servieren. Nach Geschmack noch etwas heiße Butter über den Fisch geben.

Weinempfehlung:
Ein Weißwein, z. B. ein Ribolla Gialla oder ein Tocai aus dem Friaul. Hier paßt auch ein leichter Rotwein, z. B. ein junger Merlot, kühl serviert.

Orata al cartoccio
Goldbrasse in Folie

Für 4 Personen

2 Goldbrassen à 350 g
16 Venusmuscheln
16 Miesmuscheln
4 Garnelen
4 Pelati
1 Glas Weißwein
1 Knoblauchzehe
1 Bund Dill oder Estragon
etwas Oregano
Olivenöl
Salz, Pfeffer
extrastarke Alufolie

Die Goldbrassen putzen, dabei die schwarze Bauchhaut gut entfernen und die Kiemen wegschneiden.

Die Pelati gut abtropfen lassen, ausdrücken und in Streifen schneiden. Den Knoblauch fein hacken.

Die Alufolie mit Öl bestreichen. Die Goldbrassen salzen, pfeffern und mit Muscheln, Garnelen, Tomatenstreifen, Knoblauch, Kräutern und Wein gut in der Folie verpacken. Im Ofen bei 220 Grad etwa 15 Minuten garen.

Weinempfehlung:
Ein Weißwein, z. B. ein Gavi, ein Tocai oder ein Sauvignon.

Pesce spada con olive e caperi
Schwertfisch mit Oliven und Kapern

Für 4 Personen

**4 Scheiben Schwertfisch à 120 g
4 Tomaten
1 EL Kapern (in Öl oder Lake eingelegt)
10 schwarze Oliven ohne Stein
je 1/2 TL Oregano, Majoran, Basilikum, feingehackt
1 Knoblauchzehe
1/2 Glas Weißwein
Olivenöl
Salz, Pfeffer**

Die Tomaten häuten, halbieren, ausdrücken und in kleine Würfel schneiden.

Öl und zerdrückten Knoblauch in einer Pfanne erhitzen, Fisch kurz von beiden Seiten braten. Mit Wein ablöschen, verdampfen lassen. Fisch herausnehmen, salzen, pfeffern und warm stellen.

In der gleichen Pfanne die Tomatenwürfel kurz andünsten, 2 Eßlöffel Wasser angießen, leicht kochen. Kapern und Oliven dazugeben. Die Fischscheiben einlegen, gut erhitzen und 1–2mal wenden. Die Kräuter darüberstreuen und auf vorgewärmten Tellern servieren.

Weinempfehlung:
Ein kräftiger Weißwein, z. B. ein Chardonnay oder ein Gavi. Hier paßt auch ein leichter, junger Rotwein, z. B. ein Dolcetto, ein Merlot oder ein Cabernet Franc.

Rombo ai cetrioli
Steinbuttfilet mit Gurken

Für 4 Personen

**800 g Steinbuttfilet
1 Scheibe Lachs von 150 g
1 mittelgroße Salatgurke
1 Bund Schnittlauch
80 g Sahne
1 großes Glas Fischbouillon
2 cl Martini Dry
1 Eiswürfel
Salz, Pfeffer**

Den Lachs häuten, entgräten und in kleine Würfel schneiden, ebenfalls etwa 150 Gramm Steinbutt würfeln. Die Fischwürfel kurz anfrieren, im Mixer oder mit dem Pürierstab mit 1–2 Eßlöffeln Sahne, Salz, Pfeffer und 1 Eiswürfel cremig pürieren.

Die Gurke waschen und so schälen, daß in regelmäßigen Abständen ein Streifen Schale bleibt. Längs halbieren, Kerne entfernen und in hauchdünne Scheiben hobeln. Gut abtropfen lassen.

Die Fischfilets von beiden Seiten würzen, maximal 1 Zentimeter hoch mit Lachsmousse bestreichen. In eine flache Schüssel legen und mit den Gurkenscheiben bedecken, kalt stellen.

Den Schnittlauch waschen und kleinschneiden (1 Eßlöffel zum Garnieren aufheben).

In einem Topf den Martini Dry erhitzen, stark verdampfen lassen, Fischbouillon zugießen und auf die Hälfte reduzieren. Die restliche Sahne dazugeben, würzen, noch etwas reduzieren. Die Sauce soll eine leicht cremige Konsistenz haben. Feingeschnittenen Schnittlauch hinzufügen und kräftig pürieren. Fischfilet im Dampfbad 5–6 Minuten garen und mit der Sauce servieren.

Weinempfehlung:
Ein Weißwein, z. B. ein Pinot Bianco oder ein Malvasia aus dem Friaul.

Branzino
Seewolf

Für 4 Personen

800 g Seewolf-Filet mit Haut
1–2 frische Steinpilze (oder 50 g getrocknete)
1–2 große Champignons
1 mittelgroße Tomate
1 Glas Fischfond
1 Bund glatte Petersilie
1–2 Rosmarinzweige
1 Knoblauchzehe
2–3 EL Balsamico
Olivenöl
Salz, Pfeffer
4 Schweinenetze

Für das Kartoffelpüree:

1 kg mehlige Kartoffeln
1/2 l Milch
1 nußgroßes Stück Butter

Die noch vorhandenen Gräten aus den Fischfilets mit einer Pinzette entfernen.

Die Pilze putzen (getrocknete einweichen) und in kleine Würfel schneiden. Die Tomaten häuten, halbieren, leicht ausdrücken und in kleine Würfel schneiden. Die Petersilie abzupfen, fein hacken, ebenso die Rosmarinnadeln.

Die Pilzwürfel mit dem zerdrückten Knoblauch in einer Pfanne in etwas Öl braten und in einer Schüssel mit Tomatenwürfeln, Petersilie und Rosmarin mischen. Mit Salz und Pfeffer abschmecken.

Die Kartoffeln schälen, kochen und pürieren, Milch und Butter einrühren.

Die Fischfilets auf die Hautseite legen, mit der Pilz-Tomaten-Mischung bestreichen und in ein Schweinenetz wickeln.

In einer großen Pfanne die Filets erst auf der Hautseite kurz braten, einmal wenden. Vorsichtig in eine feuerfeste Form geben und für 5 Minuten bei 180–190 Grad in den Ofen schieben. (Fingerprobe machen: Der Fisch sollte sich noch fest anfühlen.)

Den Fischfond aufkochen, reduzieren, Balsamico dazugeben und nochmal reduzieren.

Das Kartoffelpüree auf vorgewärmte Teller in die Mitte setzen, Fischfilets darauflegen und die Sauce um das Püree gießen.

Weinempfehlung:
Ein Weißwein, z. B. ein Soave aus dem Veneto, ein Chardonnay oder ein Pinot Bianco aus dem Friaul.

Sogliola con galletti
Seezunge mit Pfifferlingen

Für 4 Personen

800 g Seezungenfilet
300 g Pfifferlinge
1 Schalotte
2 Knoblauchzehen
1/2 Bund glatte Petersilie
1/2 Glas Fischbouillon
1 Schuß Weißwein
Olivenöl
Salz, Pfeffer

Die Pilze putzen, größere Exemplare teilen. Die Schalotte und die Petersilie fein hacken, mit 1 zerdrückten Knoblauchzehe kurz andünsten, Pilze dazugeben, gar dünsten. Mit Weißwein ablöschen und würzen. Die Pilze mit einem Schaumlöffel aus der Pfanne nehmen, zur Seite stellen.

Die Fischfilets quer halbieren, kurz mit Öl und 1 zerdrückten Knoblauchzehe in einer beschichteten Pfanne von beiden Seiten braten, in eine feuerfeste Form legen, warm halten.

In der Pfanne, in der die Pilze gebraten wurden, Fischbouillon langsam reduzieren, etwas Öl einrühren. Fisch hineinlegen, Pilze dazugeben, erhitzen.

Die Filets mit dem Schaumlöffel auf vorgewärmte Teller legen. Mit den Pilzen und der Sauce servieren.

Weinempfehlung:
Ein kräftiger Weißwein, z. B. ein Vernaccia di San Gimignano, im Barrique gereift, oder ein Sauvignon aus dem Friaul.

Rombo all' erbe
Steinbuttfilet im Kräutermantel

Für 4 Personen

1 Steinbutt von 800 g
1/2 Toastbrot ohne Rinde
2 Handvoll Basilikumblätter
1/2 Bund Oregano oder Majoran
1 Eigelb
2–3 EL Mehl
Salz, Pfeffer
Tomatensauce (siehe Seite 101)

Das Brot würfeln. Basilikum sehr fein hacken. Oreganoblätter abzupfen. Alles im Mixer oder mit dem Pürierstab gut mischen. Die »Brösel« durch ein grobes Sieb (restliche Blätter bleiben im Sieb) auf einen Teller schütteln.

Den Steinbutt filetieren, die Haut nicht entfernen. Mehl und Eigelb jeweils auf einen Teller geben. Die Filets mit der »weißen« Seite kurz in Mehl, in Eigelb und in das »grüne Paniermehl« tauchen. In einer beschichteten Pfanne erst die panierte, dann die Hautseite kurz braten. In einer feuerfesten Form im vorgeheizten Ofen (180–190 Grad) 5–6 Minuten fertig braten.

Auf vorgewärmte Teller 1–2 Eßlöffel Tomatensauce geben und darauf die Fischfilets legen.

Weinempfehlung:
Ein kräftiger Weißwein, z. B. ein Vernaccia di San Gimignano aus der Toskana oder ein Pinot Bianco aus dem Friaul.

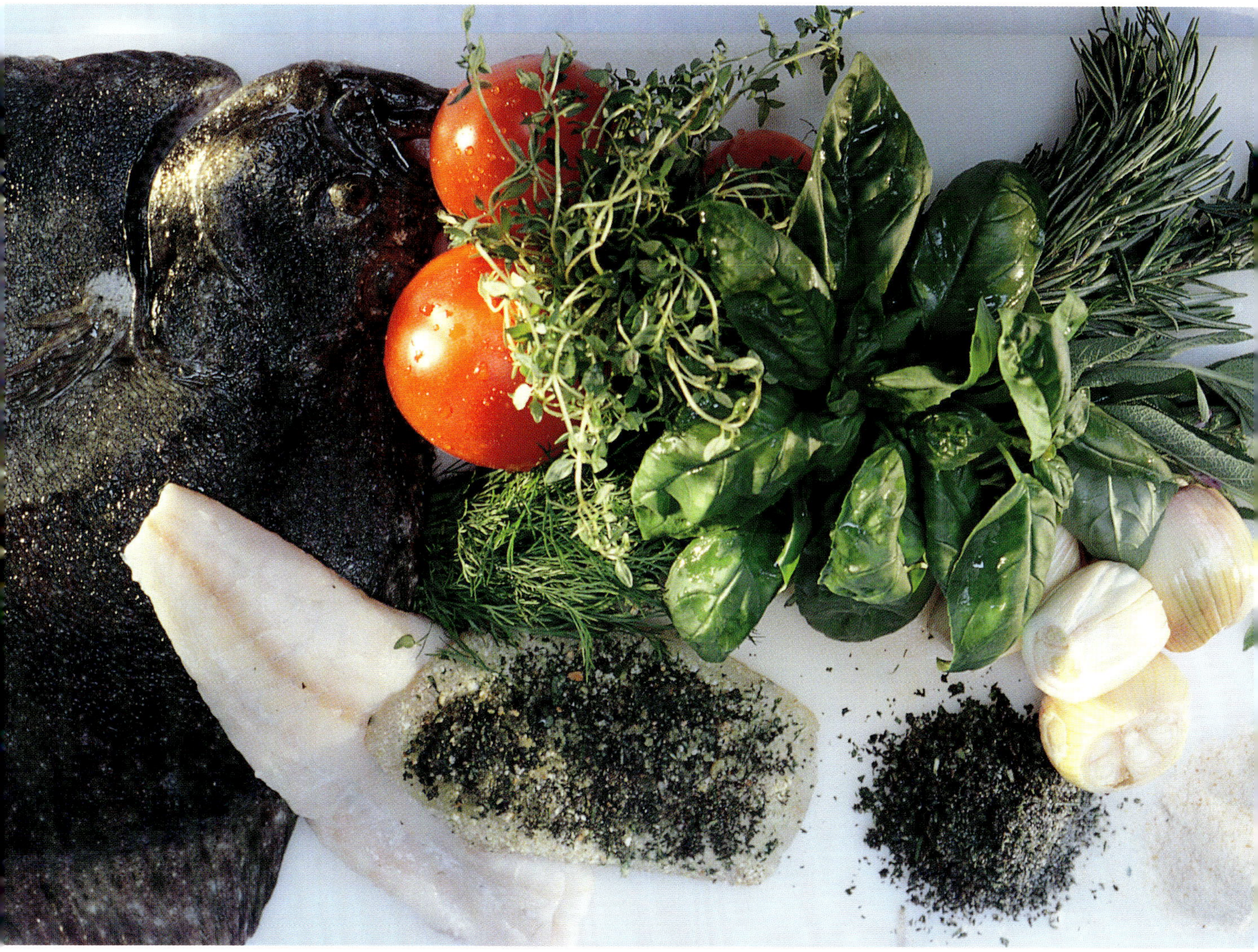

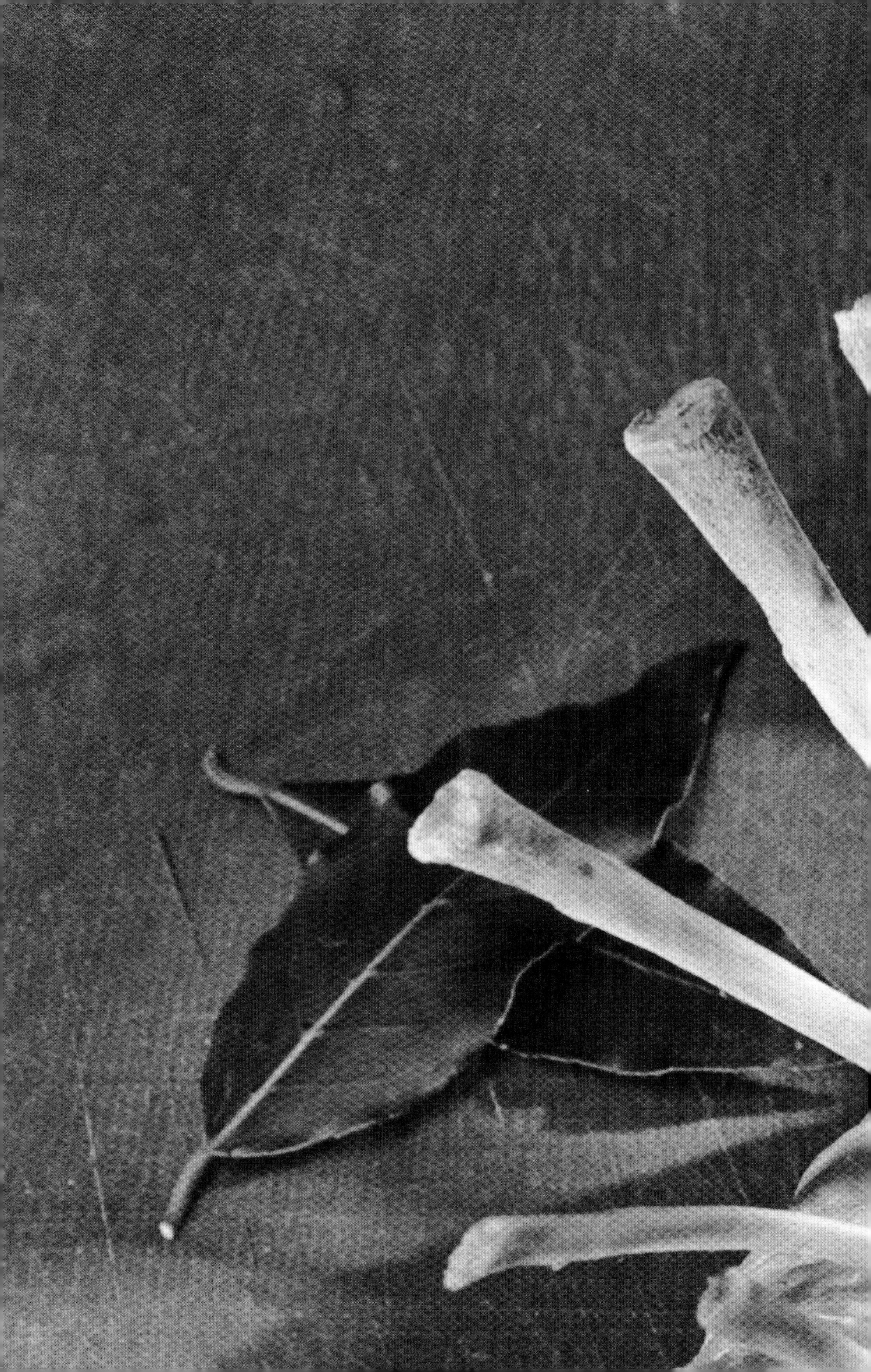

Carne

Bollito misto
Gemischtes gekochtes Fleisch

Für 10–12 Personen

1 kg Rinderschulter
1 kg Rinderrippchen
1 Rinderzunge
1 Kalbszunge
1 kg Kalbfleisch (Maus, Nuß)
1 Kalbskopf
1 junges Suppenhuhn (oder Poularde)
1 Zampone (gefüllter Schweinsfuß)
1 Cotechino (halbfeste, würzige Wurst)
6 Karotten
6 Stangen Staudensellerie (oder 1 kleine Knolle)
3 Zwiebeln
1–2 EL Mehl
Salz, Pfeffer
1 Stange Meerrettich
Mostarda di Cremona (Kompott aus kandierten Früchten)

Für die Salsa verde:

2 Bund glatte Petersilie
4–6 Cornichons
1–2 EL Silberzwiebeln
2–4 eingelegte milde Peperoni
1–2 EL Kapern
1–2 Knoblauchzehen
Olivenöl
Salz, Pfeffer

Für die Sauce die Petersilie ohne Stiele und die anderen Zutaten fein hacken. Im Mixer oder mit dem Pürierstab gut mischen, mit Salz und Pfeffer würzen, etwas Öl unterrühren.

Für den Kalbskopf in einem großen Topf das Mehl mit etwas Wasser gut verrühren. 2 Karotten, 2 Stangen Sellerie und 1 Zwiebel grob würfeln, dazugeben, salzen und mit Wasser auffüllen. Kalbskopf in das kochende Wasser legen und bei kleiner Hitze etwa 2 Stunden kochen. In der Brühe warm halten.

Rinderschulter und Rippchen ebenfalls mit 2 Karotten, 2 Stangen Lauch, 1 Zwiebel, grob gewürfelt, in kochendes Wasser geben und bei kleiner Hitze 1 1/2–2 Stunden leicht kochen.

Einen Teil der Rinderbrühe mit Wasser auffüllen, zum Kochen bringen, das Kalbfleisch und das Huhn darin etwa 30–40 Minuten bei kleiner Hitze kochen.

Rinder- und Kalbszunge putzen, mit 2 Karotten, 2 Stangen Sellerie, 1 Zwiebel (alles grob gewürfelt) in einem Topf kochen. Die Haut abziehen und in der Brühe warm halten (Rinderzunge etwa 1–1 1/2 Stunden, Kalbszunge etwa 1 Stunde kochen).

Zampone und Cotechino nach Angaben der Hersteller erhitzen.

Die einzelnen Fleischsorten aufschneiden und bis zum Servieren, gut mit Brühe bedeckt, warm halten (das Fleisch verfärbt sich sonst und trocknet aus).

Als Beilage die Salsa verde, Mostarda und frisch geriebenen Meerrettich servieren. Sie können auch noch Salzkartoffeln und Gemüse dazu reichen.

Weinempfehlung:
Ein kräftiger Rotwein, z. B. ein Vino Nobile Montepulciano, ein Grignolino oder ein Cabernet Franc.

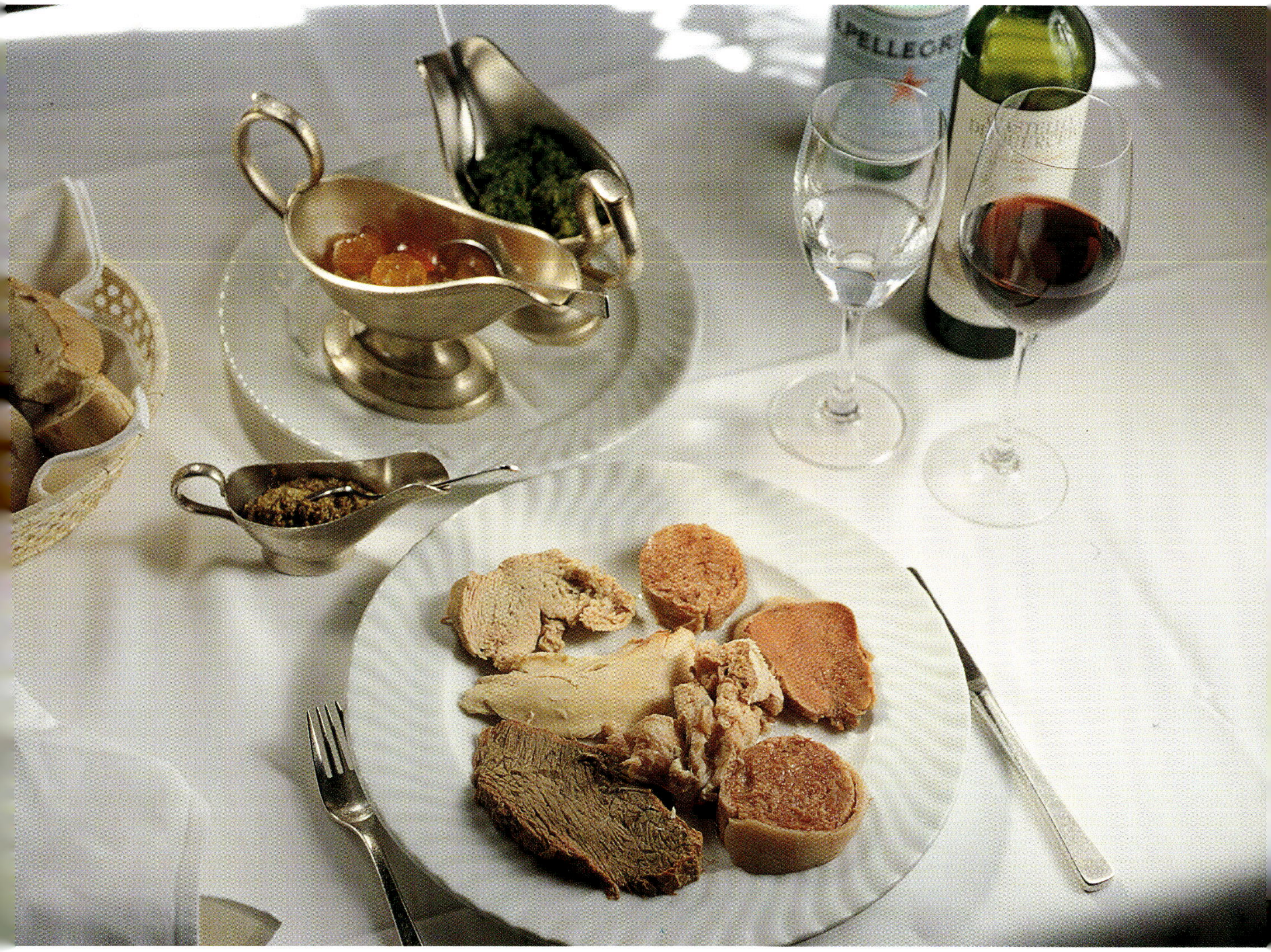

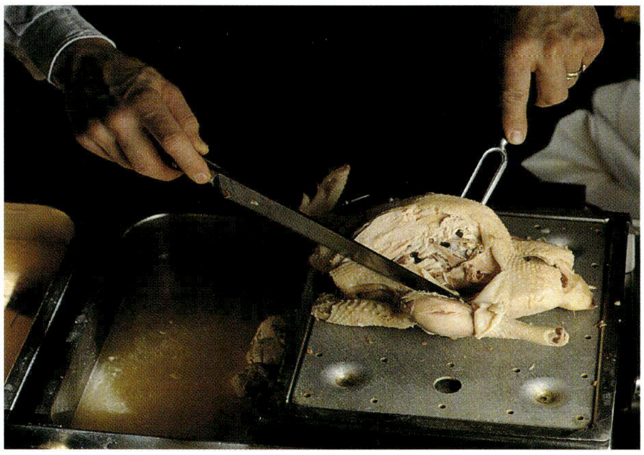

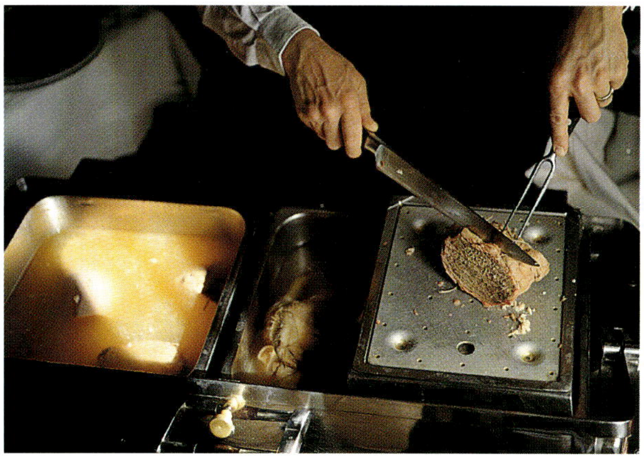

Trippa
Kutteln

Für 4 Personen

1 kg Kutteln, vorgekocht
2 Karotten
2 Stangen Staudensellerie
2 Zwiebeln
1–2 Knoblauchzehen
1 Glas Weißwein
1 kleine Dose Pelati
50 g Parmesankäse
1 Lorbeerblatt
1 Peperoncino
1/4 l Fleischbrühe
1 Stück vom Schinkenknochen oder ein Reststück Parmaschinken
Olivenöl
Salz, Pfeffer

Die Kutteln in kleinfingergroße Streifen schneiden. Karotten, Sellerie, Zwiebeln und Knoblauch sehr fein hacken. Die Tomaten passieren (ergibt etwa 1/4 Liter Tomatensaft).

In einem großen Topf das feingehackte Gemüse gut anbraten, die Kutteln dazugeben und mit dem Wein ablöschen. Wenn der Wein verkocht ist, Tomatensaft, Brühe, Schinkenknochen oder -rest (nach 5–10 Minuten entfernen), zerbröckelten Parmesan, Peperoncino und Lorbeerblatt hinzufügen. Das Lorbeerblatt nach 10 Minuten und Peperoncino gegen Ende der Kochzeit entfernen. Die Kutteln hineingeben und gut bedeckt bei kleiner Hitze etwa 2 Stunden kochen und dabei ab und zu umrühren.

Mit Brot oder Salzkartoffeln servieren.

Weinempfehlung:
Ein kräftiger Rotwein, z. B. ein Chianti oder ein Merlot.

Fegato in crema di cipolla
Kalbsleber in Zwiebelcreme

Für 4 Personen

12 kleine Scheiben Kalbsleber
4 große weiße Zwiebeln
1/2 Glas Weißwein
3 nußgroße Stücke Butter
einige Salbeiblätter
Salz, Pfeffer

Die Zwiebeln in dünne Scheiben hobeln, in Butter goldgelb dünsten. Mit Wein ablöschen, würzen, zugedeckt etwa 25 Minuten bei kleiner Hitze kochen. Eventuell etwas Wasser nachgießen.

Die Zwiebelcreme pürieren, abschmecken, 1 Stück Butter unterrühren.

Die Leberscheiben mit Salbei kurz in Butter braten.

Die Leberscheiben mit Zwiebelcreme und »Brat-Butter« servieren.

Weinempfehlung:
Ein Rotwein, z. B. Merlot oder Dolcetto.

Lombata di vitello con cipolline
Kalbslende mit Schalotten

Für 4 Personen

500–600 g Kalbslende
1/2 Toastbrot
1 Ei
6–7 Schalotten
je 1/2 Bund Thymian und Oregano
2–4 Rosmarinzweige
einige Salbeiblätter
1 Handvoll Basilikumblätter
1 Handvoll glatte Petersilie
1 TL Zucker
2 nußgroße Stücke Butter
Olivenöl
etwas Mehl
Salz, Pfeffer
3/4 l Rotwein
1 EL Kalbsjus
500 g Schalotten
1 Glas Weißwein
2 TL Zucker
Olivenöl
Salz
evtl. Essig

Die Lende in 2 1/2–3 Zentimeter dicke Scheiben schneiden. Schalotten und Kräuter fein hacken. Toastbrot entrinden und würfeln.

Die Schalotten in einem Topf mit der Hälfte der Kräuter und 1 Stück Butter dünsten. Den Rotwein hineingießen, Zucker zugeben, aufkochen und auf 1/2 Liter Flüssigkeit reduzieren, abschmecken. Durch ein Sieb passieren und warm halten.

Die Toastbrotwürfel mit den restlichen Kräutern im Mixer oder mit dem Pürierstab gut mischen.

Mehl und Ei jeweils auf einen Teller geben, die Lendenscheiben darin wenden, auf beide Seiten die Brot-Kräuter-Mischung geben, gut andrücken und je 1 Minute pro Seite in Butter und Öl braten. Im Ofen bei 200 Grad 3–4 Minuten fertig braten.

Die Kalbsjus zur Rotweinsauce geben, aufkochen, kräftig reduzieren, eventuell noch Zucker hinzufügen.

500 Gramm Schalotten schälen, mit Zucker bestreuen, andünsten. Den Weißwein dazugießen, würzen und 20–25 Minuten bei kleiner Hitze kochen. Bei Bedarf etwas Wasser dazugeben und eventuell mit Essig abschmecken.

Lendenscheiben schräg aufschneiden und mit glasierten Schalotten und Rotweinsauce servieren.

Weinempfehlung:
Ein junger Rotwein, z. B. ein Chianti oder ein Merlot.

Involtini alla Parma
Kalbsrouladen mit Parmaschinken

Für 4 Personen

800 g Kalbslende (2 Scheiben pro Person)
150 g Parmaschinken, dünn geschnitten
2–3 EL Sahne
1 Glas Weißwein
1 Tasse Geflügelbrühe oder -jus
1 Eiswürfel
Salz, Pfeffer
eventuell Kräuter (Rosmarin, Thymian o.ä.)
Küchengarn

Die Kalbslende in 8 dünne Scheiben schneiden und leicht klopfen. Das restliche Fleisch in kleine Stücke schneiden, kurz anfrieren.

Sahne, Eiswürfel, Fleischstücke und nach Geschmack die feingehackten Kräuter pürieren, abschmecken.

Die Schinkenscheiben auf ein Backblech legen und bei etwa 100 Grad im Ofen trocknen.

Getrockneten Schinken im Mixer oder mit dem Pürierstab zu »Pulver« verarbeiten und unter die Fleischfarce mischen. Diese Mischung dünn auf die Fleischscheiben streichen, einrollen und mit Küchengarn binden.

Die Rouladen kurz braten, warm stellen. Bratensatz mit Wein ablöschen. Die Brühe oder Jus hinzufügen und reduzieren.

Die Rouladen schräg in 2–3 Scheiben schneiden und mit der Sauce servieren.

Weinempfehlung:
Ein kräftiger Rotwein, z. B. ein Vino Nobile di Montepulciano.

Saltimbocca d'agnello
Kleine Lammschnitzel

Für 4 Personen

1 kg Lammkarree ohne Knochen, in 2–3 cm dicke Scheiben geschnitten
1 Salbeiblatt pro Fleischscheibe
1 Scheibe Parmaschinken pro Fleischscheibe
1–2 Knoblauchzehen
1/2 Glas Weißwein
1 Tasse Lamm- oder Kalbsjus (oder Bouillon)
1 nußgroßes Stück Butter
Olivenöl
Salz, Pfeffer

Die Fleischscheiben kurz klopfen, pfeffern (Vorsicht mit Salz, der Schinken gibt genug Würze) und jede Scheibe mit 1 Salbeiblatt und 1 Scheibe Parmaschinken belegen.

In einer großen Pfanne den zerdrückten Knoblauch und die Kräuter kurz in Öl anbraten, dann die Lammschnitzel dazugeben. Erst die »Schinkenseite« braten, wenden, aus der Pfanne nehmen und warm stellen. Vorsichtig das Fett aus der Pfanne gießen und den Knoblauch entfernen. Den Wein angießen, dann Jus oder Bouillon und die Pfanne gut schütteln. Die Hitze reduzieren und die kalte Butter einrühren.

Die Sauce durch ein Sieb gießen, auf dem Fleisch verteilen und sehr heiß servieren.

Als Beilage passen Broccoli, Zucchini, kleine gedünstete Schalotten und Rosmarinkartoffeln.

Weinempfehlung:
Ein kräftiger Rotwein, z. B. ein Venegazzu, ein Merlot oder ein Chianti.

Agnello con le nocciole
Lamm im Nußmantel

Für 4 Personen

4 Lammkarree
150 g geschälte Haselnüsse
100 g grobes Paniermehl
80 g Butter
1 EL geriebener Parmesan
1 Rosmarinzweig
1 Handvoll Salbeiblätter
1/2 Bund Thymian
etwas Zitronensaft
1/4 l Lammjus
Olivenöl, Butter
Salz, Pfeffer

Die Haselnüsse bei 200 Grad 2–3 Minuten in den Ofen legen, etwas kalt werden lassen und die braune Haut entfernen, indem die Nüsse zwischen den Handflächen gerieben werden, grob hacken. Zwei Drittel der Kräuter fein hacken, mit Nüssen, Paniermehl, Parmesan und der weichen Butter gut mischen, würzen.

Das Lammkarree mit den restlichen Kräutern in etwas Öl und Butter gut anbräunen, mehrmals mit dem Bratenfett begießen. Aus der Pfanne nehmen, auf Küchenpapier trocknen. Die Nuß-Butter-Mischung wie einen »Mantel« um das Fleisch verteilen, in einer feuerfesten Form bei 200 Grad 7–8 Minuten im Ofen garen.

Die Lammjus mit 1–2 Thymianzweigen erhitzen, reduzieren und mit Zitronensaft abschmecken.

Auf vorgewärmten Tellern das Lammkarree mit der Sauce servieren.

Weinempfehlung:
Ein kräftiger Rotwein, z. B. ein Nebiolo aus dem Piemont oder ein Rosso di Montalcino.

Coniglio e piselli
Kaninchen mit Erbsen

Für 4 Personen

3 ausgelöste Kaninchenrücken
150 g Kalbfleisch
1 Schalotte
1 Handvoll Pflücksalat oder junge Salatblätter
200 g junge Erbsen (frisch oder tiefgekühlt)
3–4 EL Sahne
2 Eiswürfel
Olivenöl
Salz, Pfeffer
extrastarke Alufolie

Die Schalotten fein hacken und andünsten. In Streifen geschnittenen Salat, Erbsen und 2 Eßlöffel Wasser dazugeben, bei kleiner Hitze etwa 10 Minuten garen, abkühlen lassen.

Das Kalbfleisch kurz anfrieren und durch den Fleischwolf drehen, in den Mixer geben und mit Sahne, Eiswürfeln, Salz, Pfeffer und 1–2 Eßlöffel Erbsen gut pürieren.

Die Kaninchenrücken salzen, pfeffern, mit einem Spatel das Püree auftragen und die restlichen Erbsen darauf verteilen. Fest in Folie wickeln und im Ofen bei 180–190 Grad gut 15 Minuten garen.

Weinempfehlung:
Ein Chardonnay, im Barrique ausgebaut, oder ein Sauvignon, im Barrique ausgebaut. Oder ein leichter Rotwein, z. B. ein Dolcetto oder ein Merlot.

Coniglio ripieno con salsiccia
Kaninchen mit Salsiccia gefüllt

Für 4 Personen

1 Kaninchen
1 Salsiccia
200 g Kalbfleisch
1 Eigelb
1/2–1 EL Sahne
1 Glas Weißwein
2 Knoblauchzehen
2 Rosmarinzweige
je 1/2 Bund Thymian und Oregano
einige Salbeiblätter
Olivenöl
Salz, Pfeffer
extrastarke Alufolie

Die Salsiccia mehrmals mit einer Gabel anstechen und ohne Fett bei kleiner Hitze braten.

Die Kräuter fein hacken.

Das Kalbfleisch kurz anfrieren und mit der Hälfte der Salsiccia durch den Fleischwolf drehen, in den Mixer geben, würzen, mit Eigelb und Sahne cremig rühren. 1 zerdrückte Knoblauchzehe und die Hälfte der feingehackten Kräuter untermischen. Die restlichen Kräuter aufteilen für Rücken und Keulen.

Die Kaninchenkeulen abtrennen, ausbeinen. Rücken auslösen (Brustlappen belassen, sie erleichtern das Einrollen). Den ausgelösten Rücken flach auf ein Arbeitsbrett legen, würzen. Mit einem Spatel eine Schicht Fleischcreme auftragen, in die Mitte etwa kleinfingerdicke Streifen Salsiccia legen, Kräuter darüberstreuen, zusammenrollen und fest mit Folie umwickeln.

In die entbeinten Keulen ebenfalls Füllung und Salsiccia-Streifen geben, restlichen Knoblauch und Kräuter dazugeben, in Folie wickeln.

Im Ofen bei 180–190 Grad etwa 25 Minuten braten. Folie entfernen. Die Rollen schräg in Scheiben schneiden und auf vorgewärmten Tellern mit etwas Sauce servieren.

Weinempfehlung:
Ein Chardonnay, im Barrique ausgebaut, oder ein Sauvignon, im Barrique ausgebaut. Oder ein leichter Rotwein, z. B. ein Dolcetto oder ein Merlot.

Capretto arrosto
Gebratenes Zicklein

Für 4 Personen

1 Keule und 1 Schulter vom Zicklein
1 große Dose Pelati
2 Schalotten
2–4 Knoblauchzehen
2 Rosmarinzweige
1 Bund Thymian
3 Bund Majoran
einige Salbeiblätter
1/4 l Weißwein
Fleischbouillon
Olivenöl
Salz, Pfeffer

Das Fleisch würzen und mit der Hälfte der Kräuter kurz in Öl anbraten.

Die Pelati abtropfen lassen (Saft auffangen), Strunk ausschneiden, grob zerteilen.

In eine feuerfeste Form die restlichen Kräuter, Knoblauch, Tomaten und Fleisch geben, nochmals würzen. Im Ofen bei 220 Grad etwa 15 Minuten braten, dabei mit Wein begießen. Das Fleisch umdrehen und Bouillon zugeben. Weitere 30 Minuten braten. Das Fleisch herausnehmen und warm stellen.

Den Bratensatz durch ein Sieb in einen Topf passieren, aufkochen.

Je 1 Stück Keule und Schulter mit der Sauce auf sehr heißen Tellern servieren.

Weinempfehlung:
Ein vollmundiger Rotwein, z. B. ein Chianti Riserva, ein Brunello oder ein kräftiger Rotwein aus dem Friaul oder Umbrien.

Galletto
Stubenküken

Für 4 Personen

4 Stubenküken
2–4 Romarinzweige
8–12 Salbeiblätter
1 Knoblauchzehe
1 nußgroßes Stück Butter
100 g Butter
Salz, Pfeffer

Die Stubenküken waschen, gut trocknen, innen und außen mit Salz und Pfeffer einreiben.

Knoblauch und Kräuter fein hacken. Zwei Drittel der Kräuter, Knoblauch und die Butter vermischen und in die Stubenküken füllen. Auf ein Backblech oder in eine feuerfeste Form legen und bei 220 Grad 25–35 Minuten braten. Die restliche Butter erhitzen, die Kräuter dazugeben und über die zerteilten Stubenküken gießen.

Weinempfehlung:
Ein Rotwein, z. B. ein Merlot, ein Dolcetto oder ein Barbera d'Alba.

Faraona ripiena
Gefüllte Perlhuhnbrust

Für 4 Personen

4 Perlhuhnbrüste
100 g Kalbfleisch
1 Salsiccia
2–3 EL Sahne
1–2 EL feingehackte Kräuter (nach Geschmack)
1 Glas Weißwein
1 Eiswürfel
Salz, Pfeffer
Küchengarn

Die Salsiccia mehrfach mit einer Gabel anstechen und ohne Fett braten. Von den Perlhuhnbrüsten das »Filet« herauslösen. Filet und Kalbfleisch kurz anfrieren und mit zwei Drittel der gebratenen Salsiccia durch den Fleischwolf drehen, in den Mixer geben und mit Eiswürfel, Kräutern und Sahne gut mischen, mit Salz und Pfeffer abschmecken.

Die Mischung dünn auf die Perlhuhnbrüste streichen. Die restliche Salsiccia in dünne Streifen schneiden und darauflegen. Von der Brustspitze her zusammenrollen und mit Küchengarn binden. In einer großen Pfanne kurz anbraten und dann bei 200 Grad 8–9 Minuten im Ofen fertig braten.

Den Bratensatz mit Wein ablöschen, eventuell reduzieren.

Die Fäden von den Brüsten entfernen und auf vorgewärmten Tellern mit etwas Sauce (siehe Seite 102) servieren.

Weinempfehlung:
Ein Rotwein, z. B. ein Dolcetto di Dogliani aus dem Piemont.

Fagiano con le uve, grappa e crauti
Fasan mit Trauben, Grappa und Sauerkraut

Für 4 Personen

2 Fasane
200–220 g Pancetta oder geräucherter Bauchspeck, in dünne Scheiben geschnitten
1 mittelgroße weiße Traube
1/2 Weinglas Grappa
4 EL Sahne
1 nußgroßes Stück Butter
Olivenöl
Salz, Pfeffer
Sauerkraut

Für die Sauce:

Fasanenkarkassen
1/2 Glas Rotwein
1–2 Karotten
1 Stück Sellerie
1 Zwiebel
1 Rosmarinzweig

Die Fasanenbrüste auslösen, Keulen abtrennen, entbeinen und mit Pancetta umwickeln. In einer Pfanne von beiden Seiten anbraten.

Für die Sauce die Karkassen mit grob gehacktem Gemüse kräftig anbraten, mit Rotwein ablöschen, etwas Wasser auffüllen, aufkochen und bei kleiner Hitze etwa 1 Stunde kochen, dann stark reduzieren.

Die Hälfte der Traube zu Saft pressen. Die restlichen Früchte halbieren, Kerne entfernen und für die Sauce aufheben.

Die angebratenen Fasanenteile in eine feuerfeste Form legen und im Ofen bei 190–200 Grad etwa 10 Minuten pro Seite braten.

In der Pfanne, in der der Fasan angebraten wurde, die Hälfte des Grappa erhitzen, Sahne und Traubensaft einrühren, langsam reduzieren. Halbierte Trauben darin erhitzen. Zum Schluß den restlichen Grappa und die Butter einrühren.

Die Fasane aufschneiden, etwas Sauce angießen und mit Sauerkraut servieren.

Weinempfehlung:
Ein kräftiger Rotwein, z. B. ein Brunello di Montalcino, ein Barolo, ein Barbera oder ein Cabernet Sauvignon.

Quaglie in mantello di patate
Wachteln im Kartoffelmantel

Für 4 Personen

4 Wachteln
2 große festkochende Kartoffeln (12–15 cm)
250 g Kalbfleisch
1 Handvoll Kräuter (Rosmarin, Thymian, Majoran usw.), fein gehackt
150 g Sahne
1/2 Glas Weißwein
1 Likörglas Portwein
Olivenöl
Salz, Pfeffer
1 nußgroßes Stück Butter

Für die Jus:

1 Stange Staudensellerie
1 Karotte
1 Zwiebel
1 Knoblauchzehe
1 Glas Weißwein
Kräuter
Salz

Den Portwein stark reduzieren.

Die Wachteln entbeinen, die Haut abziehen, Keulen abtrennen und Brust halbieren. Haut und Karkassen mit dem grob gewürfelten Gemüse, Kräutern, Wein und Salz gut mit Wasser bedeckt aufkochen und bei kleiner Hitze etwa 1 Stunde kochen. Durch ein Spitzsieb gießen, leicht ausdrücken und stark reduzieren.

Das Kalbfleisch in kleine Würfel schneiden, kurz anfrieren. Mit Kräutern, Sahne, Wein, Portwein, Salz und Pfeffer im Mixer oder mit dem Pürierstab cremig mixen, kalt stellen.

Die Kartoffeln schälen, längs halbieren, in sehr dünne Scheiben schneiden. Je 2 Scheiben über Kreuz legen, in die Mitte 1/2 Teelöffel Fleischfarce geben. 1/2 Brust und 1 Keule darauflegen, mit etwas Fleischfarce bestreichen und die Kartoffelscheiben zusammenfalten.

Die Kartoffelpäckchen in etwas Olivenöl in der Pfanne kurz anbraten (zuerst die »Faltseite«). Bei 180 Grad etwa 8 Minuten im Ofen fertig braten.

Die reduzierte Sauce mit der Butter aufschlagen und über die Wachteln gießen.

Dazu Stangenbohnen servieren.

Quaglie ripieno
Gefüllte Wachteln

Für 4 Personen

4 ausgelöste Wachteln
2 kleine Kaninchenlebern
1 reife, feste Birne
einige Salbeiblätter
1 EL Paniermehl
1/2 Bund glatte Petersilie
Butter, Olivenöl
Salz, Pfeffer

Die Kaninchenlebern kleinschneiden, mit Butter und Salbei in einer beschichteten Pfanne kurz anbraten. Auf einem Sieb abtropfen lassen.

Die Birne schälen, in kleine Würfel schneiden, in derselben Pfanne braten. Petersilie fein hacken. Birne, Leber, Petersilie, Paniermehl, Salz und Pfeffer in einer Schüssel gut mischen.

Die Wachteln mit der Birnen-Leber-Mischung füllen, mit Zahnstochern oder Faden verschließen. Bei 180–190 Grad in Öl etwa 15 Minuten im Ofen braten. Auf vorgewärmten Tellern ganz oder halbiert mit etwas Sauce (siehe Seite 102) servieren.

Weinempfehlung:
Ein körperreicher Rotwein, z. B. ein Dolcetto, ein Barbera oder ein Nebiolo.

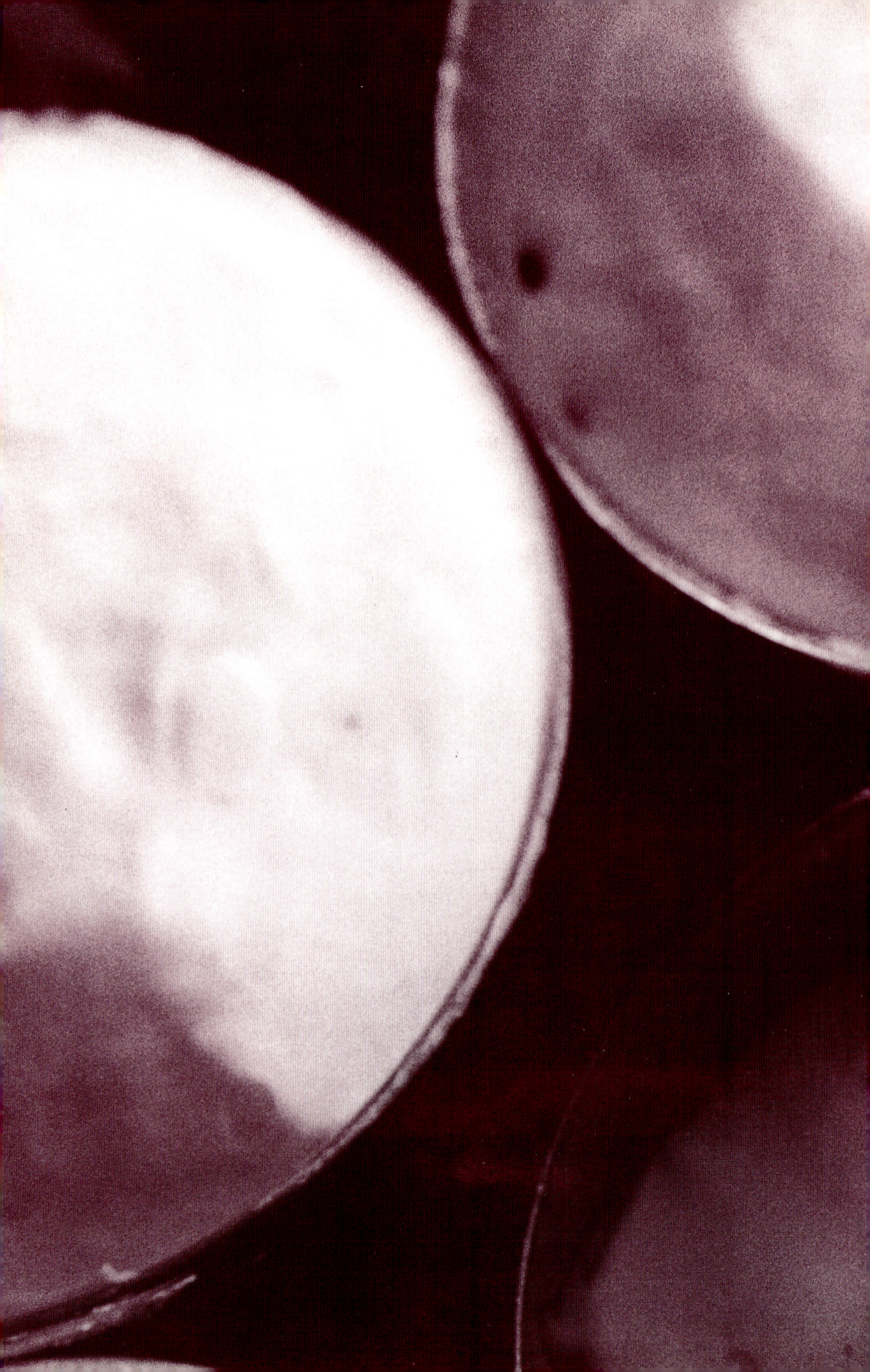

Dolci

Bonet astigiano
Pudding nach Asti-Art

Für 4 Personen

1/4 l Milch
250 g Sahne
200 g Amaretti
4 cl Amaretto
225 g Zucker
4 Eier
1 EL Kakao – nach Geschmack
Vanillesauce

Die Sahne mit Milch, zerbröckelten Amaretti, Amaretto und 125 Gramm Zucker in einem Topf verrühren und unter Rühren kurz aufkochen. Eventuell in die abgekühlte, aber noch warme Mischung Kakao einrühren.

100 Gramm Zucker in einer Pfanne karamelisieren und in 4 kleine feuerfeste Formen gießen (oder 1 größere Form verwenden).

In die lauwarme Sahne-Amaretti-Mischung nacheinander die Eier einrühren und in die Formen gießen.

Einen großen Topf mit einer Doppelseite Zeitungspapier auslegen, die Formen hineinstellen und Wasser in den Topf gießen, bis maximal 1–2 Finger breit unter den Formenrand. (Sie können auch die Fettpfanne verwenden.) Im Ofen bei 180–190 Grad etwa 40 Minuten fest werden lassen.

Lauwarm mit Vanillesauce (siehe Seite 102) servieren.

Budino di vino dolce
Weinpudding

Für 4 Personen

1 l Süßwein (Moscato, Fragolino)
200 g Zucker
10 Blatt Gelatine
500 g geschlagene Sahne

Den Wein mit Zucker verrühren, bei kräftiger Hitze auf 1/2 Liter reduzieren.

Gelatine einweichen, gut ausdrücken und in den Wein rühren, erkalten lassen.

Die geschlagene Sahne vorsichtig unterziehen, in kalt ausgespülte Formen füllen, 1–2 Stunden kalt stellen.

Mit Vanillesauce (siehe Seite 102) servieren.

Crema catalana
Katalanische Creme

Für 4 Personen

500 g Sahne
7 Eigelb
75 g Zucker
1 Orange
2 cl Amaretto, Sambuca oder Cointreau

Die Eigelb mit dem Zucker kurz verrühren, aber nicht schaumig rühren.

Die Orangenschale waschen, abreiben, mit Sahne aufkochen und Likör dazugießen. Den Topf vom Herd nehmen und sehr schnell die Eigelb einrühren. Alles durch ein Spitzsieb in eine feuerfeste Form (oder kleine Formen) gießen. Im Ofen bei 150–180 Grad 30–40 Minuten im Wasserbad stocken lassen. Die Form soll nicht im Wasser stehen, also entweder einen Teller umgekehrt in einen entsprechenden Topf legen oder den Bratrost in die Fettpfanne.

Zabaione freddo
Kalte Zabaione

Für 4 Personen

8 Eigelb
100 g Zucker
5 Blatt Gelatine
1 Glas süßer Marsala
300 g geschlagene Sahne

Die Eigelb mit dem Zucker gut verrühren – der Zucker muß ganz aufgelöst sein.

Die Gelatine einweichen, gut ausdrücken. Den Marsala erhitzen, die Gelatine einrühren und gut mischen. Marsala-Gelatine-Mischung sorgfältig unter die Eicreme rühren, abkühlen lassen. Vorsichtig die geschlagene Sahne unterziehen, in eine große Form oder Portionsformen füllen, 2–3 Stunden kalt stellen.

Mit Fruchtsauce (siehe Seite 102) servieren.

Semifreddo al grappa
Halbgefrorenes mit Grappa

Für 4 Personen

7 Eigelb
170 g Zucker
170 g Milch
300 g geschlagene Sahne
100 ml Grappa

Die Eigelbe mit 125 Gramm Zucker leicht verrühren. Milch und restlichen Zucker dazugeben. Im Wasserbad erwärmen (Fingerprobe: etwas mehr als lauwarm), dabei weiterrühren. Vom Herd nehmen, den Grappa dazugießen. In eine Schüssel mit Eis stellen, weiterrühren, bis die Masse abgekühlt ist. Vorsichtig die Sahne unterziehen, in eine Form füllen und für etwa 2 Stunden ins Tiefkühlfach stellen.

Tortino di cioccolato
Schokoladentörtchen

Für 4 Personen

3 Eier
150 g Zucker
100–110 g flüssige Butter
100 g geschmolzene Mokkaschokolade
40 g Mehl
10 g Speisestärke

Die Eier und den Zucker schaumig rühren. Unter ständigem Rühren erst die flüssige Butter und dann die geschmolzene Schokolade dazugeben. Mehl und Speisestärke mischen und gut einrühren.

In kleine Formen füllen (nicht zu voll, es sollte etwa 1 Fingerbreit Platz bleiben). Bei 180–200 Grad im Ofen backen. Nach 10 Minuten sind die Törtchen noch leicht flüssig, nach gut 20 Minuten sind sie fest.

Frittelle di ricotta
Ricotta-Krapfen

Für 4 Personen

150 g Ricotta
150 g Mehl
1/2 Tüte Hefepulver
60 g Zucker
2 cl Grand Marnier
2 Eier
1 Orange
Olivenöl zum Fritieren
Puderzucker

Die Orange waschen, trocknen und die Schale in eine Schüssel reiben. Ricotta, Mehl, Hefe, Zucker und Grand Marnier hinzugeben und gut verrühren. Mit einem Holzlöffel die Eier sorgfältig unterrühren.

Öl in einem großen Topf erhitzen (evtl. »Probe«-Krapfen machen).

Den Teig mit einem Eßlöffel ausstechen, in das Öl geben und 4–5 Minuten fritieren. Gut abtropfen lassen und mit Puderzucker bestreuen.

Tiramisu all' arancia
Orangen-Tiramisu

Für 4 Personen

250 g Mascarpone
1–2 Schachteln Löffelbiskuits
1/4 l Orangensaft
125 g Sahne
2–3 Eier
200–250 g Zucker
4 cl Cointreau
1 Orange
Salz

Die Hälfte des Zuckers mit 1/4 Liter Wasser aufkochen. Wenn sich der Zucker aufgelöst hat, den Orangensaft und die Hälfte des Cointreau dazugießen, wieder erhitzen und warm halten.

Die Eier trennen. Die Eigelbe mit 50–75 Gramm Zucker schaumig rühren. Die Orangenschale abreiben und die Orange auspressen. Schale, Saft und den restlichen Cointreau unter die Eicreme rühren.

Den Mascarpone cremig rühren, mit der Eicreme mischen. Das Eiklar mit 1 Prise Salz und 50 Gramm Zucker sehr steif schlagen. Die Sahne schlagen – sie soll fest, aber nicht steif werden und dann vorsichtig die Sahne und den Eischnee unter den Mascarpone heben.

Biskuits in Zucker-Orangen-Sirup tauchen und auf einem Gitter abtropfen lassen.

Etwas Mascarpone-Creme in eine viereckige Form streichen und darauf eine Lage Biskuits, dann wieder Mascarpone-Creme usw. Nach Geschmack noch etwas abgeriebene Orangenschale zwischen die Lagen streuen.

Kühl stellen und ziehen lassen.

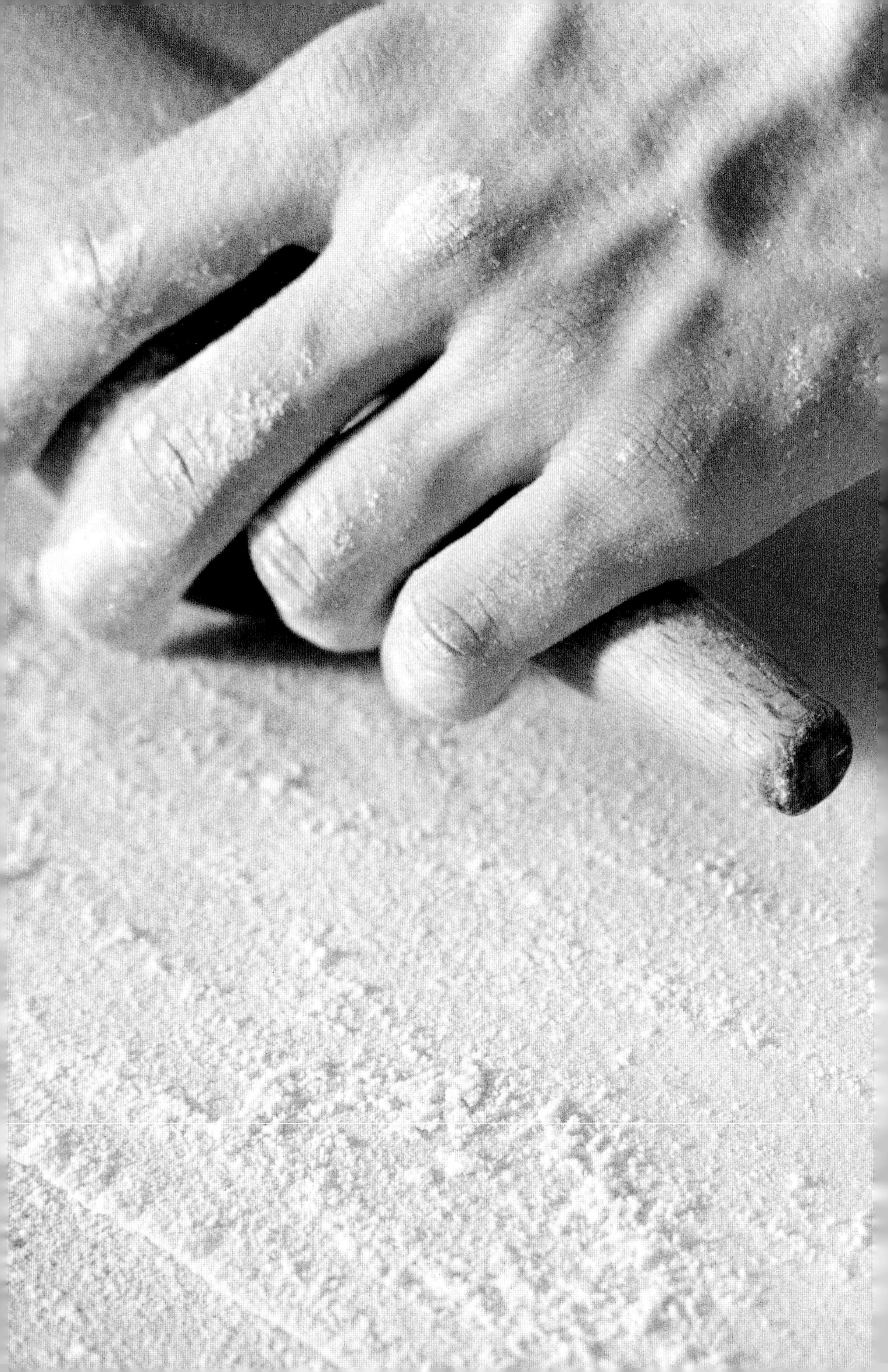

Salsa di pomodoro
Tomatensauce

500 g Pelati
2 Knoblauchzehen
1 Bund Oregano (oder 1–2 TL getrockneter)
ca. 5 Basilikumblätter
1–2 EL Olivenöl
Salz, Pfeffer

Die Pelati 2 Minuten abtropfen lassen und den Saft auffangen.

Den Knoblauch leicht zerdrücken und in Öl hellbraun anbraten. Die Pelati hinzufügen, leicht zerdrücken und salzen und pfeffern. Zugedeckt 5–6 Minuten leicht kochen. Den Tomatensaft dazugeben und bei kleiner Hitze 20 Minuten weiterkochen, dabei öfter umrühren.

Zum Ende der Kochzeit Oregano- und zerrupfte Basilikumblätter dazugeben. Den Knoblauch entfernen, die Sauce durch ein Passatutto oder Sieb rühren und eventuell reduzieren.

Brodo di pesce
Fischbouillon

2 Karkassen von Steinbutt oder Goldbrasse
1 1/2 l Wasser
1/2 l Weißwein
1 Karotte
1 Stange Staudensellerie
1 Zwiebel
1 Tomate
etwas Petersilie
1 Lorbeerblatt
Salz, schwarzer Pfeffer

Alle Gemüse grob würfeln, mit den restlichen Zutaten in einen Topf geben, aufkochen und bei kleiner Hitze 25–30 Minuten kochen. Durch ein Spitzsieb gießen, leicht ausdrücken.

Diese Fischbouillon ist die Basis für alle Fischsaucen.

Fondo di vitello
Fleischsauce

2 kg Knochen und Fleischreste von Kalb, Rind oder Lamm (je nach Rezept)
2 Karotten
1 Sellerie oder 2 Stangen Staudensellerie
2–3 Zwiebeln
1/2 l Rotwein
1 Tube Tomatenmark
Kräuter (Rosmarin, Salbei, Thymian)
Knoblauch
Salz

Knochen und Fleischreste in einer Reine bei 230 Grad etwa 20 Minuten im Ofen braten. Das ausgetretene Fett weggießen.

Knochen, Fleischreste, grob gewürfelte Gemüse, Knoblauch und Kräuter 10–15 Minuten im Ofen braten. Den Rotwein angießen und weitere 8–9 Minuten braten, bis der Wein verdampft ist. Mit Wasser auffüllen, so daß die Knochen bedeckt sind. Das Tomatenmark einrühren und wieder für 10 Minuten in den Ofen schieben.

Alles in einen Topf füllen, mit kaltem Wasser auffüllen und bei kleiner Hitze 2 1/2 Stunden kochen. Dabei eventuell Wasser nachgießen, so daß die Knochen immer gut mit Flüssigkeit bedeckt sind.

Die Knochen herausnehmen und den Rest durch ein Sieb passieren. Den Sud weiterkochen, bis er um die Hälfte reduziert ist, und durch ein Tuch passieren.

Dieses Fleischgrundsauce dann je nach Gericht, zu dem sie gereicht wird, aromatisieren.

Salsa di frutti
Fruchtsauce

300 g Himbeeren oder Erdbeeren, gefroren
3 EL Zucker
4 EL Himbeerlikör oder Himbeergeist

Die Früchte mit dem Zucker und 2–3 Eßlöffeln Wasser etwa 10 Minuten bei kleiner Hitze kochen. Durch ein Sieb streichen, Himbeerlikör oder Himbeergeist dazugeben, noch einmal kurz aufkochen und abkühlen lassen.

Die Sauce lauwarm oder kalt zur Zabaione oder anderen Süßspeisen reichen.

Salsa di vaniglia
Vanillesauce

100 g Zucker
6 Eigelb
500 g Sahne
1 TL Stärkemehl
1 Vanilleschote
etwas abgeriebene Zitronenschale
etwas abgeriebene Orangenschale

Die Sahne mit der aufgeschnittenen Vanilleschote und der geriebenen Zitronen- und Orangenschale zum Kochen bringen.

Die Eigelbe mit dem Zucker leicht verrühren, dann im Wasserbad erwärmen und dabei rühren. Das Stärkemehl mit *wenig* Wasser anrühren, in die Eicreme gießen, die heiße Sahne unter Rühren langsam zugeben und mit einem Gummispatel rühren, bis die Vanillesauce die gewünschte Konsistenz hat. (Wenn man auf den Spatel bläst, sollte die Vanillesauce eine »Rose« bilden.) Falls die Sauce klumpt, ganz kurz mit dem Pürierstab durchrühren.

Verzeichnis der Rezepte

Artischocken mit Kartoffeln   41
Carciofi con patate

Gefüllte **A**rtischocken   40
Carciofi ripieni

Auberginenauflauf   66
Melanzane parmigiana

Bandnudeln mit Ricotta sauris   58
Tagliatelle »Sauris«

Birnen mit Käse gefüllt   51
Pere al formaggio

Bohnensuppe   54
Zuppa di fagioli

Bresaola-Päckchen   50
Fagottini di bresaola

Geröstetes **B**rot mit Auberginen   34
Crostini melanzane

Cannelloni in der Folie   55
Cannelloni al cartoccio

Katalanische Creme   95
Crema catalana

Crêpe mit Steinpilzen   64
Crespelle con porcini

Ente aus dem Ofen mit Rotkohl   51
Anatra in porchetta con cavolo rosso

Fasan mit Trauben, Grappa und Sauerkraut   89
Fagiano con le uve, grappa e crauti

Fischbouillon   101
Brodo di pesce

Gemischtes gekochtes **F**leisch   80
Bollito misto

Fleischsauce   102
Fondo di vitello

Fruchtsauce   102
Salsa di frutti

Gedünstete **G**arnelen   70
Gamberi in umido

Garnelen mit Feigen und Balsamico   46
Gamberi al balsamico e fichi

Gemüserouladen   37
Involtini di verdura

Goldbrasse in Folie   73
Orata al cartoccio

Grießklößchen auf römische Art   62
Gnocchi alla romana

Halbgefrorenes mit Grappa   95
Semifreddo al grappa

Mariniertes **K**albfleisch mit Radicchio-Sauce   48
Vitello tonnato trevisano

Kalbsleber in Zwiebelcreme   82
Fegato in crema di cipolla

Kalbsrouladen mit Parmaschinken   84
Involtini alla Parma

Kalbslende mit Schalotten   83
Lombata di vitello con cipolline

Kaninchen mit Erbsen   85
Coniglio e piselli

Kaninchen mit Salsiccia gefüllt   86
Coniglio ripieno con salsiccia

Kartoffelcarpaccio   43
Carpaccio di patate

Kartoffelgnocchi mit Tomatensauce und Basilikum   62
Gnocchi di patate con sugo di pomodoro e basilico

Kartoffelklößchen mit Zwetschen   63
Gnocchi con prugne

Kutteln   82
Trippa

Kleine **L**ammschnitzel   84
Saltimbocca d'agnello

Lamm im Nußmantel   85
Agnello con le nocciole

Nudel-Beutel mit Wachteln und Steinpilzen   61
Fagottini con quaglie e porcini

Nudelteig   100
Pasta

103

Olivenbrot   100
Pane di oliva

Gefüllte **P**erlhuhnbrust   88
Faraona ripiena

Polenta mit Wurst und Balsamicosauce   42
Polenta con salsiccia e balsamico

Pudding nach Asti-Art   94
Bonet astigiano

Wein**p**udding   94
Budino di vino dolce

Marinierter **R**adicchio di Treviso   38
Trevisano marinato

Ravioli mit Kartoffeln und Ricotta   58
Ravioli con patate e ricotta

Gratinierte **R**icotta-Klößchen   63
Gnocchi di ricotta gratinati

Ricotta-Krapfen   96
Fritelle di ricotta

Rindercarpaccio mit Artischocken   49
Carpaccio di manzo con carciofi

Risotto mit Meeresfrüchten   66
Risotto alla marinara

Marinierte **S**ardinen   44
Sardine marinate

Scampi in Orange mariniert   44
Scampi marinati all' arancia

Schokoladentörtchen   96
Tortino di cioccolato

Schwertfisch mit Oliven und Kapern   74
Pesce spada con olive e caperi

Seeteufel im Kartoffelmantel
mit Linsengemüse   72
Coda di rospo in mantello di patate con lenticche

Seeteufel mit Kapern   71
Coda di rospo con caperi

Seeteufel mit Parmaschinken   71
Coda di rospo alla saltimbocca

Seewolf   75
Branzino

Seezunge mit Pfifferlingen   76
Sogliola con galletti

Spaghetti mit Scampi   56
Spaghetti alla buzara

Fritierter **S**pargel   35
Asparagi fritti

Steinbuttfilet im Kräutermantel   76
Rombo all' erbe

Steinbuttfilet mit Gurken   74
Rombo ai cetrioli

Gefüllte **S**teinpilze   40
Porcini ripieni

Störfilet sauer   43
Storione all' agresto

Stubenküken   88
Galletto

Tintenfisch-Carpaccio   46
Carpaccio di polipo

Gefüllte **T**intenfische   70
Calamari ripieni

Orangen-**T**iramisu   97
Tiramisu all' arancia

Tomatensalat mit Parmesan   35
Insalata di pomodori con parmigiano

Tomatensauce   101
Salsa di pomodoro

Vanillesauce   102
Salsa di vaniglia

Gefüllte **W**achteln   91
Quaglie ripieno

Wachteln im Kartoffelmantel   90
Quaglie in mantello di patate

Kalte **Z**abaione   95
Zabaione freddo

Gebratenes **Z**icklein   87
Capretto arrosto

Marinierte **Z**icklleinleber   50
Fegato di capretto marinato

Zucchinicreme-Suppe   54
Crema di zucchini

Zucchini-Kuchen   38
Torta di zucchini